大和路のとっておきトレッキングコース18

いにしえをめぐる

奈良の山歩き里あるき

竹内康之＊著

淡交社

はじめに

「青垣《あおかき》　山隠《こも》れる　倭《やまと》し美《うるは》し」

青い垣根のように連なる山々。その中にひそむ大和《やまと》は美しく、いにしえより多くの人々の心を魅了しつづけてきた。なにより、飛鳥《あすか》京・藤原京・平城京と日本の礎を築いてきた歴史を物語る景観は、各地に残る名勝・史跡や文化財を伴って興味深い。

奈良盆地の東側は、大和高原につづくたおやかな山並みで、神が降臨し寺院や山城の築かれた山が多い。また、山麓では万葉の世界に浸ることができる。

桜井から橿原《かしはら》・飛鳥にかけては古代日本の中心舞台であり、神話の世界から中世・近世にかけての社会が埋もれている。点在する文化遺産はロマンに満ち、山と里が一体となった風景が魅力。

吉野は、いわずと知れた桜の名所。修験道の聖地であり、南朝の歴史が山中に隠されている。

盆地の南西側は標高 1,000m級の金剛《こんごう》山地で、すばらしい自然景観と花や眺望を求める人々で一年を通じて賑わいを見せる。

大和川を挟んだ北方が生駒《いこま》山地。信仰の山が並び、東側の矢田《やた》丘陵も山中や周辺に多くの寺社が開かれている。

地域で異なる奈良大和路の山歩きと、「山の上《え》の道」からの眺望が本書の特徴である。麗しい風土を新たな視点で愉しんでいただければ幸いである。

2015年 4月　竹内康之

目 次

大和路のとっておきトレッキングコース 18

いにしえをめぐる

奈良の山歩き里あるき

はじめに ……… 2

奈良大和路広域マップ（主要交通機関・コースマップエリア） ……… 4

本書の使い方 ……… 6

コースマップ①（1/30000） ……… 7

①若草山コース ……… 8

②春日山コース ……… 14

コースマップ②（1/25000） ……… 19

③大国見コース ……… 20

コースマップ③（1/28000） ……… 26

④龍王山コース ……… 28

⑤三輪山コース ……… 33

⑥山の辺の道コース ……… 37

コースマップ④（1/30000） ……… 44

⑦大和三山コース ……… 45

コースマップ⑤（1/35000） ……… 50

⑧音羽山・経ヶ塚山コース ……… 52

⑨御破裂山コース ……… 57

⑩高取山コース ……… 62

コースマップ⑥（1/30000） ……… 68

⑪吉野山コース ……… 69

コースマップ⑦（1/25000） ……… 76

⑫金剛山コース ……… 77

コースマップ⑧（1/25000） ……… 83

⑬葛城山コース ……… 84

コースマップ⑨（1/23000） ……… 90

⑭二上山コース ……… 91

コースマップ⑩（1/35000） ……… 97

⑮信貴山コース ……… 98

⑯三室山コース ……… 104

コースマップ⑪（1/30000） ……… 109

⑰生駒山コース ……… 110

コースマップ⑫（1/35000） ……… 116

⑱松尾山コース ……… 117

山歩きのいろは　その❶　服装・持ち物 ……… 122

山歩きのいろは　その❷❸　歩き方・マナー、天気・アクシデント対応 ……… 123

山歩きのいろは　その❹　「読図」と専門用語 ……… 124

索引 ……… 126

●超初心者コース　●初心者コース　●中級者コース

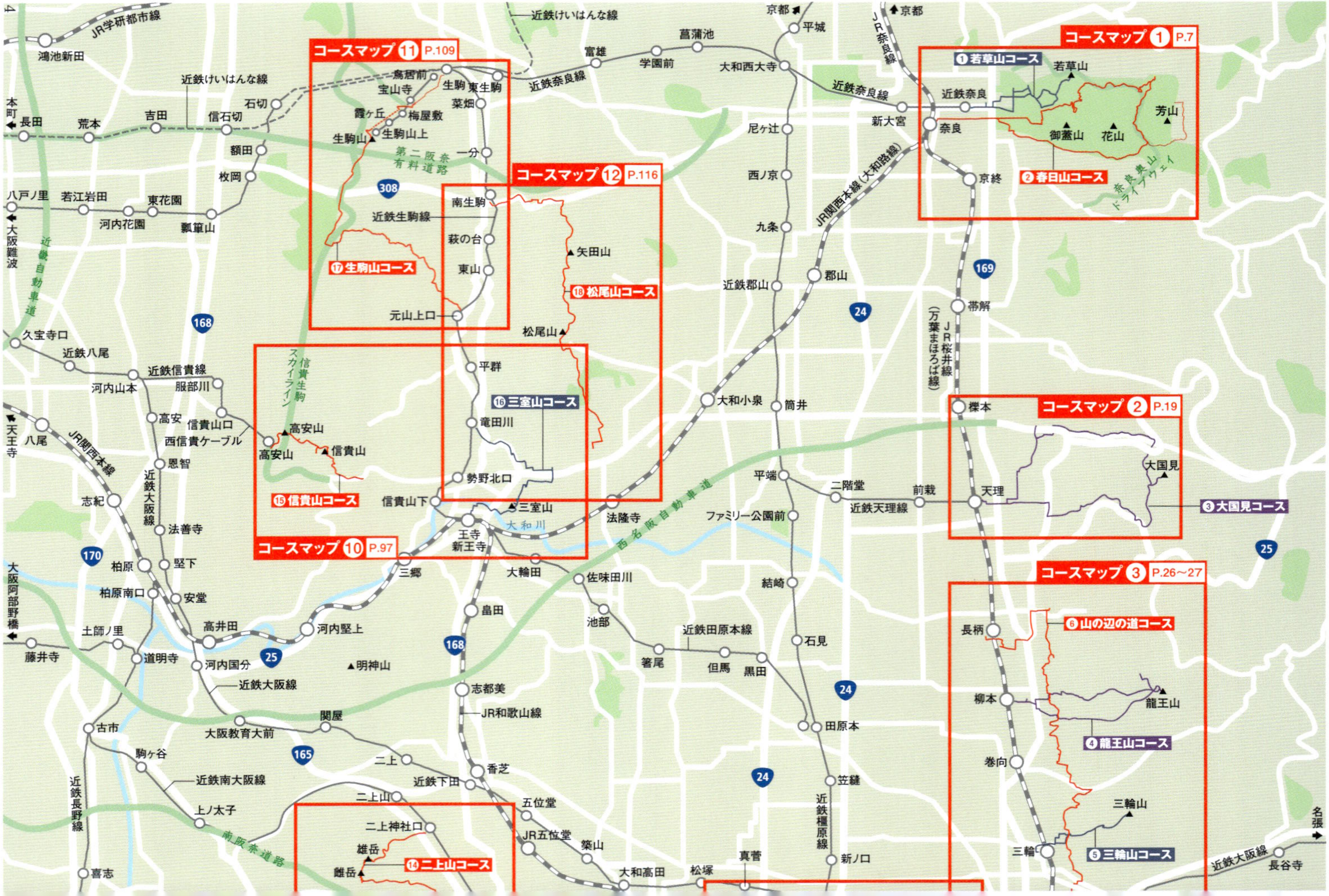

コースマップ 1 P.7
1 若草山コース
2 春日山コース
若草山
御蓋山
花山
芳山
奈良奥山ドライブウェイ
コースマップ 2 P.19
3 大国見コース
大国見
コースマップ 3 P.26~27
6 山の辺の道コース
4 龍王山コース
5 三輪山コース
龍王山
三輪山
コースマップ 10 P.97
15 信貴山コース
高安山
信貴山
信貴生駒スカイライン
コースマップ 11 P.109
17 生駒山コース
生駒山
コースマップ 12 P.116
18 松尾山コース
16 三室山コース
矢田山
松尾山
三室山
14 二上山コース
雄岳
雌岳
明神山
大和川
第二阪奈有料道路
西名阪自動車道
南阪奈道路
近畿自動車道
JR学研都市線
鴻池新田
近鉄けいはんな線
本町
長田
荒本
吉田
信石切
石切
額田
枚岡
八戸ノ里
若江岩田
河内花園
東花園
瓢箪山
大阪難波
久宝寺口
近鉄八尾
近鉄信貴線
河内山本
服部川
高安
信貴山口
西信貴ケーブル
恩智
法善寺
堅下
安堂
柏原
柏原南口
志紀
八尾
天王寺
JR関西本線
近鉄大阪線
大阪阿部野橋
土師ノ里
藤井寺
道明寺
古市
駒ヶ谷
近鉄南大阪線
上ノ太子
喜志
近鉄長野線
高井田
河内国分
近鉄大阪線
大阪教育大前
関屋
二上
近鉄下田
二上山
二上神社口
香芝
五位堂
JR五位堂
築山
大和高田
松塚
真菅
新ノ口
笠縫
近鉄橿原線
田原本
黒田
但馬
箸尾
近鉄田原本線
池部
石見
結崎
佐味田川
大輪田
畠田
志都美
JR和歌山線
河内堅上
三郷
王寺
新王寺
信貴山下
勢野北口
竜田川
平群
元山上口
東山
萩の台
南生駒
近鉄生駒線
一分
菜畑
生駒
東生駒
鳥居前
宝山寺
梅屋敷
霞ヶ丘
生駒山上
近鉄奈良線
富雄
学園前
菖蒲池
大和西大寺
平城
京都
JR奈良線
近鉄奈良
奈良
新大宮
京終
尼ヶ辻
西ノ京
九条
近鉄郡山
郡山
JR関西本線（大和路線）
大和小泉
筒井
法隆寺
平端
ファミリー公園前
二階堂
近鉄天理線
前栽
天理
帯解
櫟本
JR桜井線（万葉まほろば線）
長柄
柳本
巻向
三輪
近鉄大阪線
長谷寺
名張
168
308
170
25
165
24
169

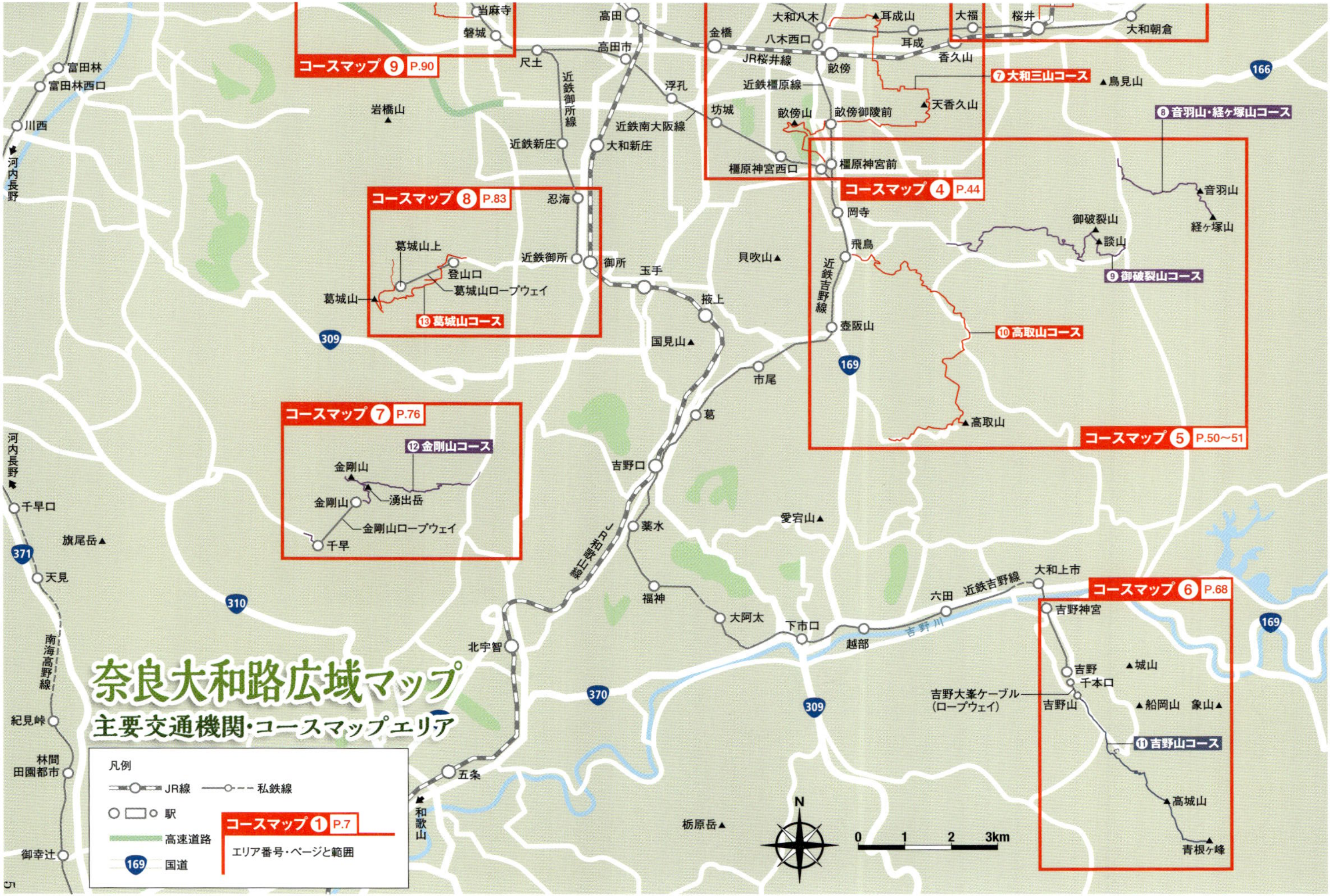
奈良大和路広域マップ
主要交通機関・コースマップエリア
凡例
JR線
私鉄線
駅
高速道路
169
国道
コースマップ 1 P.7
エリア番号・ページと範囲
コースマップ 9 P.90
コースマップ 8 P.83
コースマップ 7 P.76
コースマップ 4 P.44
コースマップ 5 P.50～51
コースマップ 6 P.68
7 大和三山コース
8 音羽山・経ヶ塚山コース
9 御破裂山コース
10 高取山コース
11 吉野山コース
12 金剛山コース
13 葛城山コース
当麻寺
磐城
尺土
高田
高田市
近鉄御所線
浮孔
近鉄南大阪線
坊城
大和新庄
近鉄新庄
忍海
近鉄御所
御所
玉手
掖上
金橋
八木西口
大和八木
JR桜井線
近鉄橿原線
畝傍
畝傍山
畝傍御陵前
橿原神宮西口
橿原神宮前
耳成山
耳成
大福
香久山
天香久山
桜井
大和朝倉
鳥見山
音羽山
経ヶ塚山
御破裂山
談山
岡寺
飛鳥
近鉄吉野線
壺阪山
高取山
貝吹山
国見山
市尾
葛
吉野口
JR和歌山線
薬水
福神
大阿太
下市口
越部
六田
近鉄吉野線
大和上市
吉野川
吉野神宮
吉野
千本口
吉野山
吉野大峯ケーブル
(ロープウェイ)
城山
船岡山
象山
高城山
青根ヶ峰
愛宕山
栃原岳
北宇智
五条
和歌山
葛城山上
登山口
葛城山ロープウェイ
葛城山
岩橋山
金剛山
湧出岳
金剛山ロープウェイ
千早
富田林
富田林西口
川西
河内長野
千早口
旗尾岳
天見
南海高野線
紀見峠
林間田園都市
御幸辻
166
169
309
310
370
371
N
0
1
2
3km

本書の使い方

本書は「コースマップ①〜⑫」と奈良大和路の絶景と名所がめぐれる全 18 コースの「コース案内」「山歩きのいろは」で構成されています。

コースマップ

本書に掲載の全 18 コースをエリアに分けてコースマップ①〜⑫を添付しています。また、ポイントにはアイコンを使って表示していますので、一目でその内容がわかります。

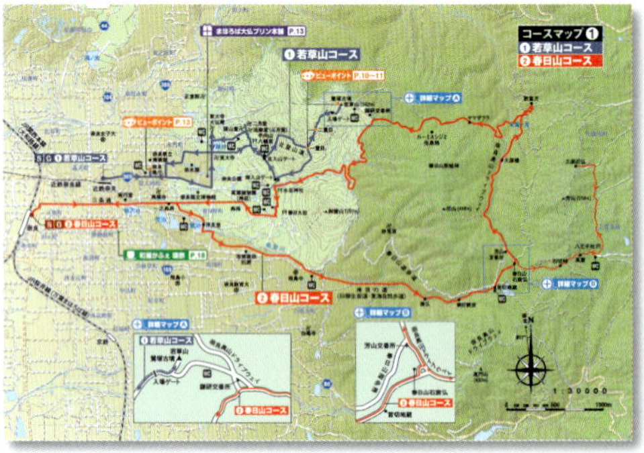

- 超初心者向コース。矢印が進行方向
- 初心者向コース。矢印が進行方向
- 中級者向コース。矢印が進行方向
- 各コースのサブコース
- S ⓪●●●コース　各コースのスタート地点
- G ⓪●●●コース　各コースのゴール地点

- ビューポイント P.00　ビューポイント
- おみやげ処 P.00　おみやげ処
- ひとやすみ P.00　ひとやすみ処
- 詳細マップ　詳細マップ
- WC　トイレ
- JR 線
- 私鉄線
- 地上駅
- 地下駅
- 国道・県道
- 高速道路・有料道路

コース案内

コース名
各コースの名称と番号。コースマップと連動

コースインフォメーション
スタート・ゴール地点、所要時間・歩行距離（ビューポイントや名所をめぐりながら、平均時速 2km で歩くことを想定）、レベル（全 18 コースを 3 レベルに区分）とコース行程（スタート地点からゴール地点までのポイントと所要時間）を記載

本文・写真
各コースの案内文と、ビューポイント・名所や道しるべとなる写真を掲載。また、各コース案内の最後には、おみやげやひとやすみにお勧めのお店も紹介

※本書に掲載の情報は、2015 年 4 月時点の内容となります。お出かけ前に、各施設・交通機関の最新情報を確認して下さい。

コースマップ①
①若草山コース
②春日山コース
①若草山コース
②春日山コース
まほろば大仏プリン本舗 P.13
ビューポイント P.10~11
ビューポイント P.13
町屋かふぇ 環奈 P.18
詳細マップA
詳細マップB
S G ①若草山コース
S G ②春日山コース
鶯塚古墳
若草山(342m)
鎌研交番所
入場ゲート
二重目
一重目
北登山道
北入山ゲート
南入山ゲート
東大寺
大仏殿
二月堂
法華堂(三月堂)
手向山八幡宮
開山堂
東大寺
正倉院
依水園
奈良県立美術館
奈良県庁
奈良公園
奈良国立博物館
萬葉植物園(神苑)
水谷神社
春日大社
鹿苑
御蓋山(297m)
興福寺
南円堂
一之鳥居
浮見堂
鷺池
荒池
猿沢池
鏡池
登大路町
春日野町
近鉄奈良
近鉄奈良線
三条通
奈良
JR関西本線(大和路線)
JR桜井線(万葉まほろば線)
京終
奈良女子大
志賀直哉旧居
飛鳥中
飛鳥小
奈良教育大
能登川
白毫寺
妙見宮
春日山遊歩道
滝坂の道
(旧柳生街道・東海自然歩道)
寝仏
朝日観音
首切地蔵
春日山石窟仏
芳山交番所
奈良奥山ドライブウェイ
花山(498m)
春日山原始林
ルーミスシジミ生息地
ヤマザクラ
大原橋
鶯の滝
歓喜天
三面石仏
芳山(518m)
八王子社
茶屋
石切峠
高円山(432m)
磁北
約7°
N
1:30000
0 100 200 300 400 500 1000m

芝生のスロープが美しい
奈良を象徴する展望スポット

① 若草山コース

若草山三重目から望む春日山（御蓋山《みかさやま》標高297m）と奈良市街

【①若草山コースインフォメーション】

コースマップ❶（p.7）

スタート	近鉄奈良線 近鉄奈良駅
ゴール	近鉄奈良線 近鉄奈良駅

所要時間	約3時間30分
歩行距離	約7 km
レベル	超初心者

インフォメーションプラス

・若草山　開山期間：3月第3土曜日～12月第2日曜日、入山有料
・東大寺　拝観時間：7:30～17:30（4月～9月）、7:30～17:00（10月）、8:00～16:30（11月～2月）、8:00～17:00（3月）、大仏殿・法華堂、戒壇堂は入堂有料
・奈良県庁舎屋上開放日・時間は奈良県HPに掲載

コース行程

START 近鉄奈良線 近鉄奈良駅 ≫ 約25分 ≫ 東大寺南大門 ≫ 約15分 ≫ 若草山北入山ゲート ≫ 約60分 ≫ 鶯塚古墳 ≫ 約50分 ≫ 若草山南入山ゲート ≫ 約25分 ≫ 東大寺大仏殿 ≫ 約25分 ≫ 奈良県庁 ≫ 約10分 ≫ GOAL 近鉄奈良線 近鉄奈良駅

奈良の空気に
包まれながら若草山《わかくさやま》へ

東大寺《とうだいじ》や春日大社《かすがたいしゃ》など、奈良市街に隣接する奈良公園一帯は、一年を通して訪れる人たちの姿が途切れることはない。

その東側に位置する若草山(標高 342m)は、1月に行なわれる山焼きでよく知られているが、鶯塚《うぐいすづか》古墳のある山頂まで登る人は意外と少ない。東大寺大仏殿(金堂)の賑わいをよそに、数百メートル離れた草地で静寂のひとときを過ごすことが可能だ。

近鉄奈良線「近鉄奈良」駅からスタートして、つま先あがりの**登大路**《のぼりおおじ》を東に向かい、興福寺《こうふくじ》の境内と登大路園地を右に見て「県庁東」交差点は地下道で横断する。奈良国立博物館の先にある信号で北へ左折すると、**東大寺南大門**《なんだいもん》が見える。東側は浮雲《うきぐも》園地から奈良県新公会堂にかけての空間で、鹿の姿を前に若草山を望むこともできる。

金剛力士像が安置された南大門をくぐって境内に入り、東大寺ミュージアムの先にある十字路を東へ右折する。そのまま山手に向かい、紅葉で有名な手向山《たむけやま》八幡宮の下から若草山の**北入山ゲート**へ(入山有料)。ここへ来るまででも、すでに奈良らしい空気に包まれているが、目の前の明るさがいっそう期待を高めてくれる。

奈良公園へ向かう登大路

東大寺境内入口から南大門を望む

若草山北入山ゲート

北登山道

南入山ゲートへの分岐

三重それぞれからの眺望を愉しむ

古くは葛尾山《つづらおやま》と称し、近世になって「三《み》笠山《かさやま》」と呼ばれたこの山は、三重になった山稜《さんりょう》からの異なる景観がすばらしい。標高270mの一重目は、山裾が芝生で自在に歩ける。好みの場所で休憩して奈良市街地を見下ろそう。

北登山道は急斜面を北東に向けてつづく。これまでのウォーキング感覚で歩くと息が切れるので、ゆっくりした山登りの足運びと呼吸で登りたい。

尾根に出て傾斜が緩《ゆる》くなると一重目の上で、大仏殿の甍《いらか》が間近に望める。尾根が東に方向を変えると**南登山道との合流地点**で、標高305mの二重目にかけてゆったりとした地形が広がっている。**眺望がよく**なり、遠くの山々や奈良盆地も一歩ごとに姿を変え、大和《やまと》の地勢と特徴を教えてくれる。これから奈良大和路各地を訪ねるために、まず登っておきたい山である。

二重目から見た生駒山（標高642m）

鶯塚古墳（遠景は鷲峰山〈空鉢峰標高 682m〉）

山頂側の入場ゲートを経て三重目に向かう。山頂の**鶯塚古墳**は、5 世紀に築造された前方後円墳で全長 103m。このあたりはどこも展望台といえるほど眺めがよく、各所に置かれたベンチでゆっくり過ごしたい。若草山山頂から西側には、奈良市街を前に矢田《やた》丘陵から生駒山《いこまやま》が望め、南側は、原始林に覆われた春日山《かすがやま》の右手に天理《てんり》方面が望める。北側は、木津川流域の背後に、ひときわ高く鷲峰山《じゅうぶせん》（京都）が認められる。空気の澄んだ好天時には**愛宕山《あたごやま》（京都）**や大《おお》峰山《みねさん》（奈良）も確認でき、大阪周辺の遠望も期待できる。

ゆっくり休息したら同じルートを下山しよう。入場ゲートでチケットを示し、絶景に飛び込むような感覚で一重目の登山道分岐へ戻る。**階段のつづく道**は東へ廻り込みながら南入山ゲートに下りてくる。

北側に愛宕山（標高 924m）が見える

南入山ゲートへの道（南登山道）

奈良県庁屋上から今日を振り返る

山麓の道を**手向山八幡宮**に向かい、風格ある**東大寺法華堂《ほっけどう》(三月堂)**・二月堂・開山《かいさん》堂《どう》などを経て**大仏殿**へ。手向山八幡宮は、東大寺の守護のため宇佐八幡宮《うさはちまんぐう》を勧請《かんじょう》したものである。ここからは、お水取り（修二《しゅに》会《え》）で名高い二月堂から正倉院《しょうそういん》にかけて、東大寺の広大な境内がつづく。鏡池《かがみいけ》を北から西に廻り込み、歓学院《かんがくいん》の前を依水園《いすいえん》に向かう道は静かな散歩道だ。

国の名勝に指定された依水園は、江戸時代前期の前園と明治時代の後園のふたつで構成された池泉回遊式《ちせんかいゆうしき》庭園で、後園は若草山や東大寺南大門などを借景としている。また、寧楽《ねいらく》美術館は、海運業で財を成した中村家が所蔵する中国の青銅器や朝鮮・日本の陶磁器などのコレクションを公開している(入園・入館有料)。

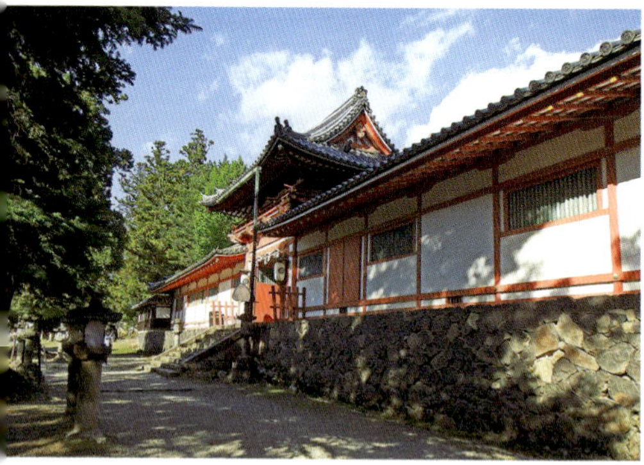

手向山八幡宮

校倉造の法華堂経庫と御髪塔

東大寺大仏殿(金堂)

このコース最後のお勧めは、奈良県庁の屋上である。観光客や市民に無料で開放されたビュースポットだが、あまり混雑しないのが嬉しい。正面西側のエレベーターに乗り展望台へ出ると、**歩いてきた一帯**が手に取るような近さで眺められる。今日一日の余韻に浸り印象を高めるためにも、ぜひ訪ねてみよう。週末や祝日も入れるが、解放期間と時間は事前に確認しておきたい。

奈良県庁付近には、奈良県立美術館や西国三十三所第九番札所の興福寺南円堂《なんえんどう》、猿《さる》沢池《さわいけ》などがあり、好みに応じて寄り道できる楽しさもある。ゴール地点の「近鉄奈良」駅まではすぐである。

奈良県庁屋上から望む若草山全景

おみやげ

まほろば大仏プリン本舗の「まほろば大仏プリン」

和菓子が中心となっていた奈良のお土産に新風を巻き起こし、今や定番スイーツの仲間入りを果たした「まほろば大仏プリン」。材料には高級素材がふんだんに使われ、まさに絹のような滑らかさだ。売り切れることもあるので、若草山に向かう前に買っておきたい。

まほろば大仏プリン本舗 東大寺門前 夢風ひろば店

奈良市春日野町 16 番地
東大寺門前 夢風ひろば 門前市場内
TEL：0742-24-3309
営業時間：10:00 ～ 18:00（売り切れ次第終了）
定休日：不定休
コースマップ①（p.7）

神の使いが棲む
世界文化遺産の原始林をめぐる

② 春日山コース

春日山最大のヤマザクラの大木（春日山遊歩道）

【②春日山コースインフォメーション】 コースマップ❶（p.7）

スタート	JR関西本線他 奈良駅
ゴール	JR関西本線他 奈良駅

所要時間	約8時間30分*
歩行距離	約17km*
レベル	初心者

インフォメーションプラス

・春日大社　開門時間：6:00～18:00（4月～9月）、6:30～17:00（10月～3月）、本殿前特別拝観は、8:30～16:45（本殿前拝観不可日時は春日大社HPに掲載）、本殿前特別参拝・宝物殿・萬葉植物園は拝観有料

＊オプションコースも含めた場合の時間と距離。含めない時は約7時間、約14km。

コース行程

START JR関西本線他 奈良駅 ≫ 約50分 ≫ 浮見堂 ≫ 約105分 ≫ 首切地蔵 ≫ 約15分 ≫ 春日山石窟仏 ≫ 約20分 ≫ 〔オプションコース：石切峠 ≫ 約40分 ≫ 三面石仏 ≫ 約30分 ≫ 石切峠〕 ≫ 約20分 ≫ 芳山交番所 ≫ 約50分 ≫ 鶯ノ滝 ≫ 約105分 ≫ 水谷神社 ≫ 約15分 ≫ 春日大社楼門 ≫ 約60分 ≫ GOAL JR関西本線他 奈良駅

春日大社一之鳥居から「滝坂《たきさか》の道」へ

鷺池の浮見堂

手つかずの原始林が残る春日山《かすがやま》は、春日大社の神体山として1000年以上も自然が保護されてきた。最高峰の花山《はなやま》（標高498m）をふくむ、御蓋山《みかさやま》（標高297m）から春日山一帯は、国の特別天然記念物に指定され、1998年には「古都奈良の文化財」として世界文化遺産に登録された。市街地に隣接して原生自然が見られるケースは珍しく、イチイガシやシラカシなど照葉樹《しょうようじゅ》を中心に、学術的にも貴重な植物が生存している。遊歩道以外は立入れないので、周回コースでその魅力を愉しもう。

志賀直哉旧居

JR関西本線（大和路《やまとじ》線）・桜井線（万葉まほろば線）「奈良」駅からスタートして、三条通を東に進み、春日大社の一之鳥居から参道をはずれて鷺池《さぎいけ》に向かう。春日山から流れ出た御手洗川《みたらしがわ》が流れ込み、四季それぞれに美しい景観を見せるこの池には、六角形の**浮見堂《うきみどう》**が張り出し、休憩もできる。

いったんバス通りに出て、すぐに東の方向に左折して、**志賀直哉旧居**（入館有料）の前を白毫寺《びゃくごうじ》町へ向かう。飛鳥《あすか》中学校の入口付近に、東海自然歩道と春日山遊歩道（車道）の分岐があるが、ここから能登川《のとがわ》に沿った右手の**「滝坂の道」**（旧柳生《やぎゅう》街道、東海自然歩道）に進路を取ろう。住宅地をはずれると地道になり、周囲は春日山原始林につづく緑豊かな樹林で巨樹も多い。

「滝坂の道」分岐。進路は右

春日山に点在する石仏をめぐり歩く

能登川の右岸に渡ると、妙見宮《みょうけんぐう》への参道を示す石燈籠が立っている。この付近からは**石畳の道**になって深山の趣を強める。南都の僧たちの修行の場であり、剣豪たちが往来した渓流沿いには、**寝《ね》仏《ほとけ》**をはじめ、夕日観音・朝日観音と呼ばれる鎌倉期から室町期の石仏が点在する。

標高366mにある三叉路には、柳生十《じゅう》兵衛《べえ》の弟子だった荒木又《また》右衛《え》門《もん》が試し斬りをしたと伝わる**首切地蔵**が大木の根元にあり、東屋とトイレが設置されている。

芳山《ほやま》交番所に向かう道をしばらく行くと、春日山石窟仏《せっくつぶつ》から奈良奥山ドライブウェイへつづく道が北東(右)方向に分かれる。石窟仏は平安時代末の作といわれ、柵に守られているものの凝灰岩《ぎょうかいがん》の風化によって気の毒な姿だ。

このコースは、この先奈良奥山ドライブウェイを佐保川《さほがわ》の下流（北）方向に向かうが、時間と体力に余裕ある方のためにとっておきの見どころを紹介しよう。

↓ここからオプションコース↓

コース進行方向とは逆に奈良奥山ドライブウェイを高円山《たかまどやま》方面に向かい、誓多林《せたりん》町へ抜ける石切《いしきり》峠への道に入る。峠の東側には**茶屋**があって、往時の面影を今もとどめている。その先にある八王子社《はちおうじしゃ》で左折し、杉林と田畑の間の山道を北へ向かう。緩《ゆる》やかな峠を越えると生琉里《ふるさと》町の田畑が見えて

石畳がつづく「滝坂の道」

寝仏

首切地蔵

石切峠にある峠の茶屋

くるが、ここで「三面石仏」の標識に従って西へ登る道に入る。やがて、谷筋から斜面に取り付き、尾根に出た北側に**三面石仏**（自然石三面のうち二面に尊像がある）が現われる。高さ約 1.8m、像高は約 1.3m で、奈良時代後期の作と推定されている。仏さまは二尊しかないので二尊石仏あるいは二面石仏というほうが正しい。位置的には芳山の北側にあたるものの、道が複雑なため往路を忠実に奈良奥山ドライブウェイまで戻ろう（往復約 1 時間 30 分）。

三面石仏

↑ここまでオプションコース↑

森林浴ハイクと鶯《うぐいす》ノ滝で癒される

　奈良奥山ドライブウェイと滝坂の道が出合うところへ戻り、芳山交番所方向へ進む。花山の東裾を北に向かえば、コースの内側は森閑《しんかん》とした原始林が広がる。林の空気と鬱蒼《うっそう》とした植物相を十分に意識したい。**大原橋**で興福寺《こうふくじ》別院歓喜天《かんきてん》への道に入り、歓喜天への分岐から左の渓流に下りると落差約 10m の**鶯ノ滝**があり、その下流から左岸に渡って奈良奥山ドライブウェイへ戻ることができる。曲折するコースの周りも巨樹が目立ち、森林浴を愉しみながら登ろう。

　春日山遊歩道はほぼ等高線に沿ってつけられており、以降の標高差は少ない。途中に春日山最大とされるヤマザクラ（胸高直径 115cm）があり、歓喜天への丁石《ちょういし》や特別天然記念物を示す標石も目にする。

大原橋。歓喜天・鶯ノ滝への分岐

涼しげな鶯ノ滝

春日大社に参拝してゴールを目指す

石燈籠が並ぶ春日大社の表参道

鎌研《かまとぎ》交番所への分岐を左にとり、若草山から来る道と合流すると下り坂になる。すぐ南側が御蓋山で本宮《ほんぐう》神社が鎮座する（御蓋山は入山禁止）。緩やかな曲線を描いて吉城《よしき》川(水谷《みずや》川)に沿うようになると、やがて水谷《みずや》神社の側に出る。水谷神社の南側は春日大社の境内で、北からの参道で本殿の回廊に向かい、西側から参拝する。楼門《ろうもん》(南門）を出て、二之鳥居から**表参道**を右手に萬葉植物園(神苑)、左手に鹿苑《ろくえん》のある飛火《とびひ》野《の》を経て、三条通を西に向かうとゴール地点である。

ひとやすみ

町屋かふぇ 環奈

古い町屋を改装した、とても温かい空気が漂う和カフェ。靴を脱いで上がる店内では、ゆっくりと足を伸ばして寛げる。奈良の伝統を守る大和の茶粥《ちゃがゆ》や、新しい試みの鯛だし茶漬けなどのランチだけでなく、見た目にも美しいスイーツも人気。

まちやかふぇ かんな

奈良市西寺林町 19-2
電話：0742-25-2150
営業時間：11:00 ～ 18:00
定休日：不定休
コースマップ①(p.7)

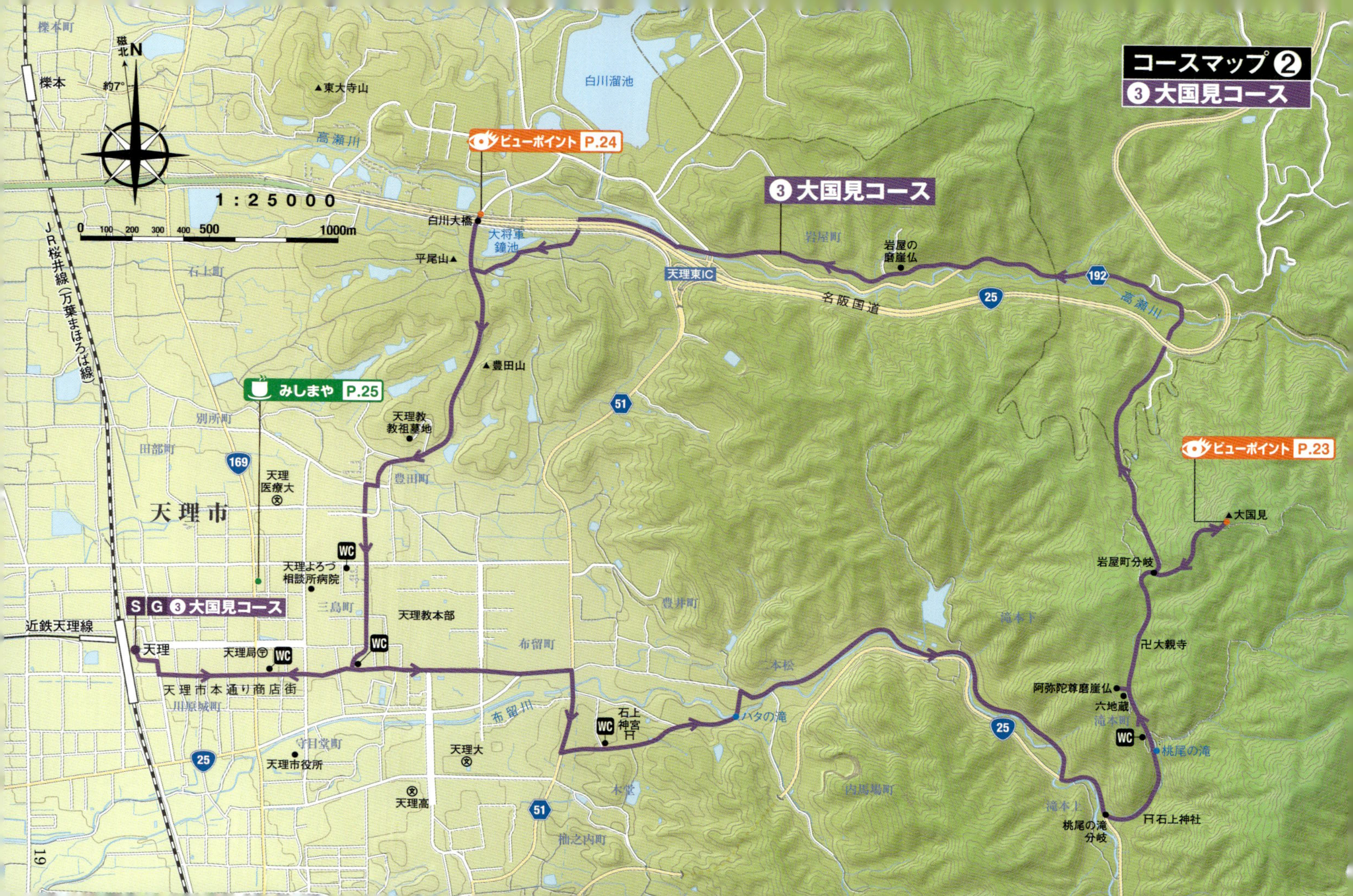

コースマップ❷
③大国見コース
③大国見コース
ビューポイント P.24
ビューポイント P.23
みしまや P.25
S G ③大国見コース
1：25000
0 100 200 300 400 500 1000m
磁北
N
約7°
櫟本町
櫟本
東大寺山
高瀬川
白川溜池
白川大橋
大将軍鏡池
平尾山
天理東IC
岩屋町
岩屋の磨崖仏
192
25
名阪国道
高瀬川
石上町
JR桜井線（万葉まほろば線）
豊田山
51
天理教教祖墓地
別所町
田部町
169
豊田町
天理医療大
天理市
天理よろづ相談所病院
三島町
天理教本部
近鉄天理線
天理
天理局
天理市本通り商店街
川原城町
布留町
布留川
石上神宮
豊井町
二本松
ハタの滝
守目堂町
天理市役所
天理大
天理高
本堂
51
杣之内町
内馬場町
滝本下
25
大国見
岩屋町分岐
大親寺
阿弥陀尊磨崖仏
六地蔵
滝本町
桃尾の滝
石上神社
滝本上
桃尾の滝分岐

青垣の山の定番コースに点在する
いにしえの痕跡を訪ねる

③ 大国見コース

大国見山頂の狼煙岩と西方の眺望

【③大国見コースインフォメーション】

コースマップ❷（p.19）

スタート	近鉄天理線・JR桜井線 天理駅
ゴール	近鉄天理線・JR桜井線 天理駅

所要時間	約 7 時間30分
歩行距離	約15km
レベル	中級者

インフォメーションプラス

・石上神宮　楼門開門時間：およそ 5:30 ～ 17:30（季節により変動。拝殿正面から参拝可能）

コース行程

START 近鉄天理線 JR桜井線 天理駅 >> 約70分 >> 石上神宮 >> 約10分 >> ハタの滝 >> 約75分 >> 桃尾の滝 >> 約15分 >> 大親寺 >> 約30分 >> 大国見 >> 約80分 >> 岩屋の磨崖仏 >> 約70分 >> 白川大橋 >> 約40分 >> 中山みきの墓 >> 約60分 >> GOAL 近鉄天理線 JR桜井線 天理駅

日本最古の
神社のひとつを目指す

天理《てんり》市の東側に位置するこの山は、国土地理院の地形図には名前と標高が記載されていないが、麓の人々から大国見《おおくにみ》（標高498m）や国見岳・大岳と呼ばれ親しまれてきた里山である。いたるところに、その歴史と寄り添うように社寺や石造遺物・伝承が残されている。

天理市本通り
商店街

近鉄天理線・JR 桜井線（万葉まほろば線）「天理」駅からスタートすると、駅前広場の右手（南）に天理本通りから天理三島本通りへつづく**奈良県で最も長いアーケード**が東へ伸びる。付近には天理教関係の店も目立ち、清潔で独特の雰囲気が漂う。

天理教教会本部の大屋根を左に見ながら東へ直進し、天理環状線（県道 51 号）の信号を石上《いそのかみ》神宮目指して南へ右折する。布留《ふる》大橋を渡り、しばらく行くと左側に**石上神宮**の大鳥居が見える。参道を東へ進み、鎌倉時代に建造された楼門をくぐって参拝する。境内では鶏が自由に歩き回り、厳《おごそ》かな神域に鳴き声が響き渡る。古代史に登場する神宮だけに、国宝の七支刀《しちしとう》や数々の重要文化財を所蔵している。

石上神宮境内の鳥居

石畳の道を奥に抜け、「布留の高橋」で**ハタの滝**を下に見る。ここは布留川の本流（左）と支流が合流する地点で、夏越《なごし》の大祓《おおはらえ》式《しき》に神剣が渡御《とぎょ》したところといわれている（祓殿《はらえどの》）。

布留の高橋から見下ろすハタの滝

桃尾の滝への分岐にある標石

静寂の中に
いにしえの痕跡を辿《たど》る

二本松町に入り、布留川に沿って上流に向かう。途中には地蔵尊や磨崖仏《まがいぶつ》があり、滝本町にある**「桃尾瀧《ももおのたき》」の標石**で東へ左折する。道なりに上ると、民家が途切れたところで石上神社の参道が右に分かれ、石段を登りつめれば社殿が建つ。

水の音だけが聞こえる静寂境である。上流で谷沿いの道に帰り、ひと登りで**桃尾の滝**に着く。この滝の落差は約 20m あり、周囲の石仏も見どころのひとつだ。古くは布留の滝と称し、『大和名所圖會《ずえ》』に「銀河三千尺……」と記されている。

大親寺《だいしんじ》に向かう道には磨崖仏や梵字石《ぼんじいし》があり、修行者はそれぞれに真言《しんごん》を唱える。谷から少し離れると西側の墓地につづく道があり、奥に**六地蔵**と**阿弥陀尊《あみだそん》の磨崖仏**が残る。

桃尾の滝

大親寺に向かう手前の六地蔵

阿弥陀尊磨崖仏

大国見山頂へアプローチ

大親寺本堂の西側を通って**石仏巡りの道**を東(右)に分けると、谷は源流の様相を呈してくるが、この付近には明治の廃仏毀釈《はいぶつきしゃく》で廃寺になったという龍福寺《りゅうふくじ》があったと伝えられ、平坦地も多い。

鞍部《あんぶ》に出て東へ進むと、まもなく**岩屋町《いわやちょう》へ下る道の分岐**に出る。ここから階段と急坂を登ると、大国見の山頂にたどり着く。ピークの直前で道はふた手に分かれるが、巨岩の際《きわ》を直登《ちょくとう》する左手の道を使う。

山頂の広場には、狼煙岩《のろしいわ》と呼ばれる穴のあいた岩のほかに、祠《ほこら》や御山大神と刻まれた石がある。また、山頂からは西側の狭い範囲で展望が得られる。

下山は、進行方向左手の緩《ゆる》やかな坂道を選べば楽に下りられる。岩屋町への分岐まで戻り、北側の谷の源頭《げんとう》を巻いて支尾根《しおね》に乗る。植林の中を道は右手（東）の谷に下り、名阪《めいはん》国道が見えてくれば山道は終わる。

静寂に佇む
大親寺本堂

石仏巡りの道

岩屋方面への分岐標識

大国見山頂広場

お勧めビューポイントは橋の上

岩屋町の町並み

名阪国道をくぐって高瀬川の右岸に出ると、田畑が広がる緩やかな道路になる。振り返れば、尖った三角形の大国見が望める。岩屋町は、**落ち着いた家並み**が美しい静かな集落である。弘法大師の作と伝わる**「岩屋の磨崖仏」**が、通る人を山側から見守り「わやわや地蔵」も道端に佇む。

通る人を見守る「岩屋の磨崖仏」

天理東ＩＣの北側を名阪国道に沿って西へ進み、大将軍鏡池の手前で名阪国道の南側へ。そのまま池の南側を南西に進む。

白川大橋が架かる道路と出合えば、北へ右折して白川大橋まで往復しよう。橋上からは、**東に大国見や高峰山《たかみねやま》（標高633m）の山並み**、西に東大寺山《とうだいじやま》と平尾山《ひらおやま》の間を名阪国道が貫き、生駒山《いこまやま》と大和郡山《やまとこおりやま》方面が一望できるこのコース一番のビューポイントである。

白川大橋から大国見方面の眺望

天理のまちを
散策してゴールへ

　眺望を愉しんだら天理市内に向けて道路を南へ。豊田山《とよだやま》（標高 180m）の丘陵を抜け、市街地が見え始めると墓地が広がる。北（右手）の上部には、天理教教祖中山みきの墓もあり、教団関係者の姿が絶えない。

　墓地から下った三叉路で西へ右折し、次の十字路で南へ左折すると教団の施設がつづく。**病院の東側には公園**もあり、ちょっとひとやすみするのによい場所だ。

　往きに通ったアーケードがある商店街に出て、西へ向かえばゴール地点の近鉄・JR「天理」駅は近い。

天理よろづ相談所病院となりの公園

ひとやすみ

みしまや

知る人ぞ知る、うなぎ専門の名店。提供するうなぎは、腹開きしたものを蒸さずに地焼きにするので、皮のパリッとした食感が愉しめる。とても香ばしく、たれの浸みこんだご飯と絡まり味わい深い。山歩きで疲れた体へのご褒美にはぴったりの店だ。

みしまや

奈良県天理市三島町 120
TEL：0743-62-0902
営業時間：11:00 ～ 20:00
定休日：木曜日
コースマップ②（p.19）

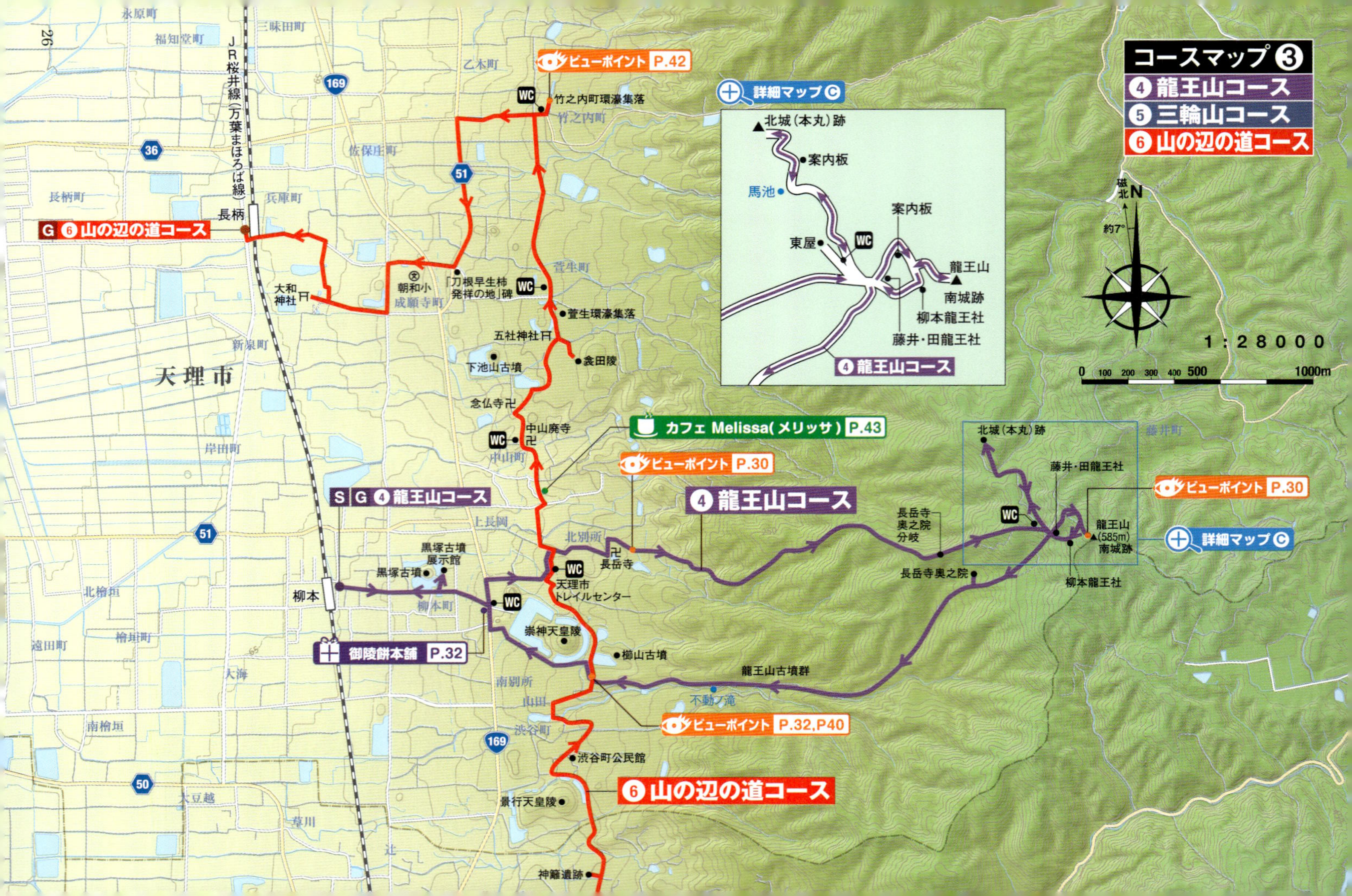

コースマップ③
④龍王山コース
⑤三輪山コース
⑥山の辺の道コース
磁北 N
約7°
1：28000
0 100 200 300 400 500 1000m
詳細マップC
北城（本丸）跡
案内板
馬池
東屋
WC
案内板
龍王山
南城跡
柳本龍王社
藤井・田龍王社
④龍王山コース
ビューポイント P.42
竹之内町環濠集落
竹之内町
乙木町
JR桜井線（万葉まほろば線）
G ⑥山の辺の道コース
長柄
大和神社
朝和小
成願寺町
「刀根早生柿発祥の地」碑
萱生町
萱生環濠集落
五社神社
衾田陵
下池山古墳
念仏寺
中山廃寺
中山町
カフェ Melissa（メリッサ） P.43
ビューポイント P.30
④龍王山コース
S G ④龍王山コース
上長岡
北別所
長岳寺
天理市トレイルセンター
黒塚古墳展示館
黒塚古墳
柳本
柳本町
御陵餅本舗 P.32
崇神天皇陵
櫛山古墳
龍王山古墳群
不動ノ滝
ビューポイント P.32,P40
南別所
山田
渋谷町
渋谷町公民館
⑥山の辺の道コース
景行天皇陵
神籬遺跡
長岳寺奥之院分岐
長岳寺奥之院
北城（本丸）跡
藤井・田龍王社
ビューポイント P.30
龍王山（585m）南城跡
詳細マップC
柳本龍王社
藤井町
天理市
永原町
福知堂町
三昧田町
佐保庄町
兵庫町
長柄町
新泉町
岸田町
北檜垣
檜垣町
遠田町
大海
南檜垣
大豆越
草川

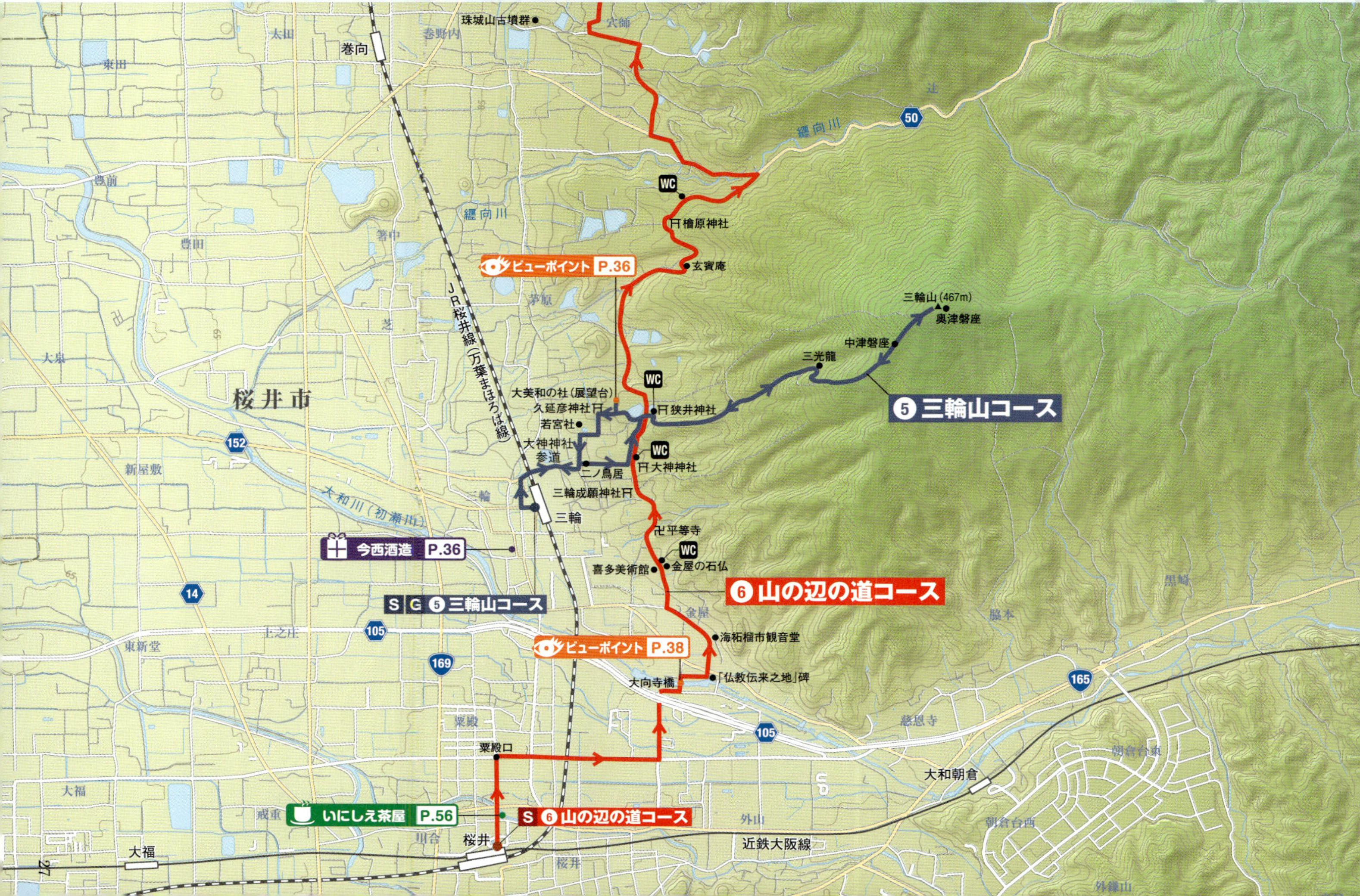

❺三輪山コース
❻山の辺の道コース
S ❻山の辺の道コース
S G ❺三輪山コース
ビューポイント P.36
ビューポイント P.38
今西酒造 P.36
いにしえ茶屋 P.56
三輪山(467m)
奥津磐座
中津磐座
三光龍
狭井神社
大神神社
大美和の杜(展望台)
久延彦神社
若宮社
大神神社参道
二ノ鳥居
三輪成願神社
平等寺
金屋の石仏
喜多美術館
海柘榴市観音堂
「仏教伝来之地」碑
大向寺橋
粟殿口
桧原神社
玄賓庵
珠城山古墳群
巻向
三輪
桜井
大福
大和朝倉
JR桜井線(万葉まほろば線)
近鉄大阪線
桜井市
纒向川
大和川(初瀬川)
慈恩寺
外山
朝倉台東
朝倉台西
WC

天理の代表的ハイキングコースで
山城跡からの大パノラマを満喫

④龍王山コース

龍王山山頂南城跡からの眺め（二上山から信貴山方面）

【④龍王山コースインフォメーション】 コースマップ❸（p.26）

スタート	JR桜井線 柳本駅
ゴール	JR桜井線 柳本駅

所要時間	約6時間
歩行距離	約12km
レベル	中級者

インフォメーションプラス

・天理市立黒塚古墳展示館　開館時間：9:00～17:00、休館日：月曜日・祝日・年末年始（月曜日が祝・休日の場合は翌日も休館。GWは祝日も臨時開館）
・長岳寺　拝観時間：9:00～17:00、拝観有料

コース行程

START JR桜井線 柳本駅 ≫約10分≫ 黒塚古墳 ≫約10分≫ 天理市トレイルセンター ≫約10分≫ 長岳寺 ≫約90分≫ 藤井・田龍王社 ≫約20分≫ 龍王山（南城跡） ≫約20分≫ 柳本龍王社 ≫約30分≫ 北城本丸跡 ≫約60分≫ 長岳寺奥之院 ≫約60分≫ 不動ノ滝 ≫約30分≫ 崇神天皇陵 ≫約20分≫ JR桜井線 柳本駅 GOAL

古墳と花の寺を訪ねて

戦国時代の豪族、十市遠忠《とおちとおただ》の築いた山城が、南北ふたつのピークに残っている。とくに南城跡は、金剛《こんごう》山地をバックに奈良盆地が視野いっぱいに広がり、歴史ファンに限らず一見の価値がある。山麓の古墳群探訪も魅力的で、一日を費やして存分に歩き回りたい。

黒塚古墳

JR 桜井線（万葉まほろば線）「柳本《やなぎもと》」駅からスタートして、好ましい雰囲気の家並みを東に向かう。ほどなく左手（北）に**黒塚《くろづか》古墳**があり、濠《ほり》が道路際まで迫っている。東側の奥には黒塚古墳展示館があって、1998 年に出土した三角縁神獣鏡《さんかくぶちしんじゅうきょう》や竪穴《たてあな》式石室（復元）を見ることができる。

龍王山（中央右手の大きな屋根は天理市トレイルセンター）

国道 169 号の向かいに崇神《すじん》天皇陵（行燈《あんどん》山《やま》古墳）が現れるので、信号で国道を渡り、北へ左折してひと筋目を東へ右折しよう。すると、田畑を前にして、**天理市トレイルセンターの屋根越しに目指す龍王山《りゅうおうざん》**（標高 586m）が見える。青垣《あおかき》の山々ではひときわ高く、その大きな山容はどこからでもよくわかる。天理市トレイルセンターは、「山の辺の道」をはじめ周辺の魅力や情報が得られる施設で、三角縁神獣鏡のレプリカも展示されている。「山の辺の道」を北に向かい、**長岳寺《ちょうがくじ》の大門**をくぐって東へ進む。長岳寺は空海《くうかい》の開基といわれ、庭園が美しく寺宝も多い（拝観有料）。

長岳寺大門

柿畑では展望が広がる（遠景は矢田丘陵・生駒山）

寺院の壁に沿ってカギ形に進むと果樹園が広がる。**このあたりからは、西方に奈良盆地と生駒山《いこまやま》が望める**ので、山へ入る前にやすらぎのひとときを過ごそう。

「別城一郭《べつじょういっかく》」の山城跡まで山歩き

龍王山へ向かう道は谷筋を離れて南側の尾根に取り付き、岩場や石仏を見ながら登って行く。雑木林の中を行くと、北東方向から南東方向に進路が変わる。平坦になると、まもなく長岳寺奥之院との分岐だ。帰途に立ち寄るので今は先を急ごう。

藤井・田龍王社

いったん急峻になるが、標高差約70mで再び緩《ゆる》やかになり、北城跡と南城跡を結ぶ尾根に出る。天理ダムから上ってくる車道の北側にはトイレ、東側には**藤井《ふじい》・田龍《たりゅう》王社《おうしゃ》の祠《ほこら》**と池がある。山名どおりここは雨乞いの山であり、帰路に立ち寄る柳本龍王社とともに水神を祀《まつ》っている。

ベンチが並ぶ龍王山山頂

道路を上りきった地点に案内板があって、南城跡への登路は尾根につけられている。柳本龍王社へ下る道を右に分け、さらに階段を上りきると**ベンチが置かれた龍王山の山頂広場**だ（南城跡）。

龍王山山頂南城跡から南西方向の眺め（金剛山〜二上山。手前に畝傍山・耳成山）

北から西方向は樹木がなく、**金剛山《こんごうさん》（標高1125m）から葛城山《かつらぎさん》（標高959m）・二上山《にじょうざん》（標高474m、517m）**、矢田丘陵《やたきゅうりょう》や生駒山など、奈良盆地西限の山並みが一望できる。条件が揃えば、大阪湾から明石海峡大橋、六甲山《ろっこうさん》（兵庫、標高931m）から北摂《ほくせつ》の山々も眺めることができる。

分岐まで戻り、**柳本龍王社の小さな祠**を経て北城跡へ回る。藤井・田龍王社の西側で登路にした道へ帰ってくるので案内板に従って進むと、道は北へ緩やかに下る。馬《うま》池《いけ》の先に標識があり、ここから尾根に上る。付近には太鼓《たいこ》ノ丸《まる》・時《とき》ノ丸《まる》・**北城（本《ほん》丸《まる》）跡**などがあり、虎口《こぐち》や土塁《どるい》・曲輪《くるわ》などの説明板もある。

山上の城郭は、標高は低いものの、北城の方が規模は大きい。龍王山城は、南北ふたつの城を一体のものとして構成する「別城一郭」の縄張り（設計）を持つ大和《やまと》でも有数の山城として知られている。武人であり歌人でもあった十市遠忠が築城し、その息子・遠勝《とうかつ》の時代（1568〈永禄 11〉年）に放棄したようだ。現在の北城は、樹林に覆われた広場が残るだけである。

柳本龍王社

龍王山北城（本丸）跡

石仏をめぐりながらゆっくり下山

来た道を再び藤井・田龍王社の西側案内板まで戻り、長岳寺奥之院への道を下る。コンクリートの階段から地道になり、谷の源頭《げんとう》を下る。道が右に回りはじめると奥之院への分岐だ。谷間に**高さ約 1.5m の不動石仏**が光背《こうはい》を背に立っているのでぜひ見ておきたい。

下山路まで戻り、谷筋をどんどん下ると流れを左岸に横切る。欠損した石仏を左に見て植林地の林道になると、龍王山古墳群の標識を目にする。この付近には、600 基もの円墳《えんふん》や横穴墓《よこあなぼ》が確認されているという。

長岳寺奥之院の不動石仏

農村風景に癒されながら帰路につく

不動ノ滝

不動ノ滝への門を左に見ると山麓の田畑が見え、ほどなく**崇神天皇陵**と櫛山《くしやま》古墳に挟まれた「山の辺の道」と出合う。古墳と果樹園が広がる開けた農村風景はすばらしく、ベンチが設けられているので時間をとって休息したい。

ここからは、崇神天皇陵の南側の濠に沿って国道 169 号へ出ると、往路の信号がすぐそこに見える。古い家並みが残る緩い坂道を JR 桜井線「柳本」駅まで下るとゴールだ。

崇神天皇陵への道

おみやげ

御陵餅本舗の「御陵焼餅」

国道 169 号沿い、崇神天皇陵の向かい側にある和菓子店。名物の御陵焼餅は、その名のとおり古墳の形をイメージしたもの。素朴な見た目とはうらはらに、ご主人が素材に徹底的にこだわったという上品な甘さの粒あんが、きめの細かい餅で包まれている。

御陵餅本舗《ごりょうもちほんぽ》

奈良県天理市柳本町 1536
TEL：0743-66-3035
営業時間：9:00 ～ 18:00
定休日：水曜日
コースマップ③(p.26)

荘厳な日本最古の神社の御神体
青垣第一級の名山に登拝する

⑤ 三輪山コース

「大美和の杜」展望台から三輪山を望む

【⑤三輪山コースインフォメーション】 コースマップ❸（p.27）

スタート	JR桜井線 三輪駅
ゴール	JR桜井線 三輪駅

所要時間	約３時間15分
歩行距離	約6.5km
レベル	超初心者

インフォメーションプラス

・三輪山　登拝時間：受付 9:00 ～ 14:00、下山報告 16:00 まで（登拝は狭井神社で受付、有料）おもな禁止事項：火気の使用、カメラ等での撮影、水分補給以外の飲食、入山登拝禁止日は大神神社 HP に掲載

コース行程

START JR桜井線 三輪駅 ≫ 約25分 ≫ 大神神社 ≫ 約10分 ≫ 狭井神社 ≫ 約70分 ≫ 三輪山 ≫ 約60分 ≫ 大美和の杜 ≫ 約30分 ≫ JR桜井線 三輪駅 GOAL

JR「三輪」駅前から三輪山を望む

昔ながらの町並みを抜け、聖なる空間へ

奈良盆地の各地、とくに南部では神奈備《かんなび》形の秀麗な山容を見せるのでよく目立つ。古来、御諸山《みもろやま》や三諸《みむろ》の神奈備と称した三輪《みわ》山《やま》(標高 467m)は、大物主神《おおものぬしのかみ》が鎮《しず》まる山として神聖視されてきた。

大和国一之宮と称される大神《おおみわ》神社（三輪明神）は三輪山山麓にあり、山体そのものが御神体なので本殿にあたるものはない。また、登拝《とはい》は摂社の狭井《さい》神社から行なうが、入山は参拝のみ認められ、時間の制限もある。

大神神社の二ノ鳥居

JR 桜井線(万葉まほろば線)**「三輪」駅から東側に三輪山が望める**ものの、駅舎は西側にあるので迂回してスタートする。

初めての十字路を北へ右折し、三輪そうめんの店などが並ぶ通りを参道まで進む。大鳥居から来る道の三叉路に出たら東へ右折し、JR 桜井線の踏切を渡れば社前らしい雰囲気が漂ってくる。

二ノ鳥居をくぐり、木立の中を進むと石段の上に拝殿が現われる。広場には**巳《み》の神《かみ》杉《すぎ》**がそびえ立ち、聖なる空間を引き立てている。お参りを済ませたら北に向かう道をたどり、活日《いくひ》神社と磐座《いわくら》神社の鳥居の前を**狭井神社に向かう**。

大神神社の巳の神杉と拝殿

狭井神社へ向かう道

入山心得を守り、
御神体へ登拝する

狭井神社の鳥居をくぐった左手に市杵島《いちきしま》姫《ひめ》神社と**鎮女池**《しずめいけ》がある。万病に効くという薬井戸は拝殿近くにあり、人の姿が途切れることはない。

社務所にて登拝申込書に記入し、入山料を納めると**参拝証（襷《たすき》）**が手渡される。受け取ったその白い襷を掛け、「入山心得十箇条」を一読したら、お祓《はら》いを済ませて**登拝口**より三輪山へ入山しよう。

最初は尾根に向けて、折り返しながら急な登り坂。次に北側の沢筋に下りると、あたりには黒っぽい火山性（深成岩）の斑《はん》れい岩が目立つ。流れを渡り返しながら三光瀧《さんこうたき》がある休舎まで遡《さかのぼ》り、行《ぎょう》場《ば》から再び急な上りで尾根に出る。下山する参拝者の「ようお参り」という挨拶を受けながら、一歩ずつ足を運ぼう。登拝路の左右は自然林で、貴重な植物も数多く保護されており、中には巨杉も混じる。

中津磐座《なかつのいわくら》で手を合わせ、なおも登れば高《こうの》宮《みや》のある山頂にたどり着く。三角点を確認してさらに東へ廻り込むと、奥津磐座《おくつのいわくら》を拝することができる。参拝者の中には、素足で巡拝される方もあり、邪魔しないよう敬意と節度をもって対したい。

残念ながら、山頂からの眺望はないので、お参りを済ませたら速やかに戻ろう。往路をそのまま引き返し、登拝口で一礼ののち社務所に襷を返却する。

狭井神社

市杵島姫神社と鎮女池

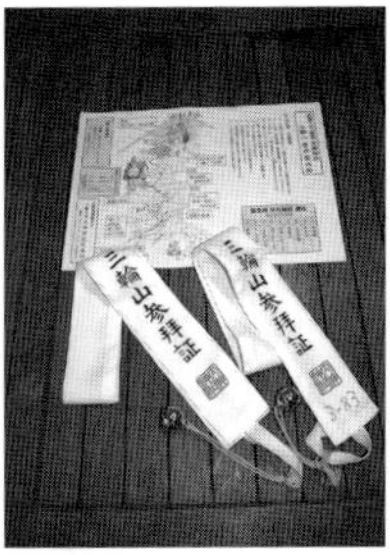

参拝証と「入山心得十箇条」が書かれた案内図

登拝口

「大美和の杜」から望む大鳥居と耳成山

奈良盆地南部の眺望を愉しむ

帰路は、「山の辺の道」と出合う池の畔から「大美和《おおみわ》の杜《もり》」に寄ろう。展望台からは、いま登拝したばかりの神体山を東に、西は大鳥居の彼方に二上山《にじょうざん》や葛城山《かつらぎさん》が横たわる。桜井から橿原《かしはら》も近く、畝傍山《うねびやま》や**耳成《みみなし》山《やま》**など大和三山《やまとさんざん》周辺もよく見える。

休憩を終えたら、西側にある久延彦《くえひこ》神社に参拝しよう。ここは知恵の神様として知られる。南へ参道の石段を下り、西へ右折すれば若宮社(大直禰子《おおたたねこ》神社)の鳥居の前に出る。社前の町並みを南に抜けると、往きに通った二ノ鳥居だ。参拝者で賑わう店を見ながらJR「三輪」駅まで戻ればゴールだ。

おみやげ

今西酒造の「三諸杉《みむろすぎ》と卵」

日本の神奈備信仰の原点ともいえる三輪で、古代から神事に欠かせない酒造りの技を今に伝える老舗。参道店でお酒と卵を買って神様にお供えするのが三輪ならではのお参りスタイル。築170年の酒蔵見学や利き酒体験も人気(要予約)。

今西酒造

奈良県桜井市大字三輪 510
TEL：0744-42-6022
営業時間：9:00 ～ 17:30
定休日：年中無休(本店はお正月三ヶ日)
コースマップ③(p.27)

歴史と文化が埋もれる最古の道に
日本の原風景を訪ねる

⑥山の辺の道コース

景行天皇陵付近から龍王山を仰ぐ

【⑥山の辺の道コースインフォメーション】 コースマップ❸（p.26～27）

スタート	近鉄大阪線・JR桜井線 桜井駅
ゴール	JR桜井線 長柄駅

所要時間	約5時間30分
歩行距離	約11km
レベル	初心者

インフォメーションプラス

- 玄賓庵　拝観時間：10:00～15:00、拝観有料
- 天理市トレイルセンター　開館時間：8:30～17:00、休館日：年末年始

コース行程

START 近鉄大阪線 JR桜井線 桜井駅 ≫ 約45分 ≫ 海柘榴市観音 ≫ 約20分 ≫ 平等寺 ≫ 約10分 ≫ 大神神社 ≫ 約45分 ≫ 檜原神社 ≫ 約45分 ≫ 景行天皇陵 ≫ 約20分 ≫ 崇神天皇陵 ≫ 約15分 ≫ 天理市トレイルセンター ≫ 約40分 ≫ 萱生町環濠集落 ≫ 約30分 ≫ 竹之内町環濠集落 ≫ 約45分 ≫ 大和神社 ≫ 約15分 ≫ JR桜井線 長柄駅 GOAL

大和川（初瀬川）を大向寺橋で渡る

万葉歌碑と金屋の集落（遠景は三輪山）

古代「歌垣」の舞台、海柘榴市の観音

釈迦如来と弥勒菩薩が彫られた「金屋の石仏」

大和《やまと》川を渡って青垣《あおかき》の山裾へ

奈良盆地の東側に連なる緑の屏風《びょうぶ》。その青垣の山々の麓を古道が貫く。桜井と奈良を結ぶ「山の辺の道」は、『記紀』や『万葉集』に記される地名や旧跡の宝庫として人々を魅了してきた。

古代の上《かみ》ツ道・中《なか》ツ道・下《しも》ツ道は、平野部を約2km間隔で直線的に南北に走るが、「山の辺の道」は山裾を地形どおりのラインでつづく。歴史に裏打ちされた風景があちこちに見られ、歩くたびに新たな発見がある。四季それぞれの美しさを感じるために、何度も通いたい。

近鉄大阪線「桜井」駅・JR桜井線「桜井」駅北口からスタートし、北へ向かって鯉渕《こいぶち》橋を越え、粟殿口《おおどのぐち》の交差点を東に右折してJR桜井線の踏切を渡る。次の信号を北へ左折すると、高架橋の下をくぐって大和川（初瀬《はせ》川）の堤防に上る。**大向寺《だいこうじ》橋**を越えると、行く手には**金屋《かなや》集落の家並みと三輪山《みわやま》の麗しい姿**が横たわる。右岸の桜並木には万葉歌碑や仏教伝来を示す碑が設置されている。

金屋は陸路や水運の要衝で、日本最古の市があった。今は**海柘榴市《つばいち》観音堂**が山手にひっそりと佇むだけだ。

家並みの間に細い通りが伸びて、北の山際へ進むと平安時代の造立《ぞうりゅう》と考えられる**「金屋の石仏」の収蔵庫**がある。この石仏は、板状の泥岩《でいがん》に釈迦如来《しゃかにょらい》と弥勒菩薩《みろくぼさつ》を浮彫りにしたものだ。道を挟んで西側には、喜多才治郎《きたさいじろう》氏の収集による喜多美術館があり、ゴッホやルノアールなどの西洋近代美術と日本人画家、陶磁器や漆芸品などの東洋美術作品を展示している（入館有料）。

古墳時代から飛鳥時代の旧跡を訪ねる

聖徳太子の創建と伝わる**平等寺《びょうどうじ》**の傍らを北上し、住宅地を道なりに進むと三輪成願稲荷社の前に出る。すぐ先は大神《おおみわ》神社（三輪明神）の境内である。

拝殿で参拝を済ませ、狭《さ》井《い》神社へつづく道に入る。このあたりは掃除が行き届き、いつも清々しい気分で歩ける。鳥居の前を北に進むと、山際の細い道は**三輪山奥之院玄《げん》賓庵《びあん》**を経て檜原《ひばら》神社の境内に入る。

檜原神社は天照大御神《あまてらすおおみかみ》を祀《まつ》り、「元伊勢」と呼ばれる大神神社の摂社で、**三輪鳥居(三ツ鳥居)**の周辺は森厳《しんげん》な空気に包まれている。西を望むと果樹園の彼方に二上山《にじょうざん》が浮かぶ。

ここからは纒向《まきむく》川を渡るため、東に大きく迂回し、西へ戻ると穴師《あなし》の集落だ。この地方の代表的な形式である大和棟《やまとむね》の屋敷構成を見ることができる。柿やミカンが植えられた高台からは奈良盆地が広く見渡せるので、いにしえの風景を想い描いてみたい。

周辺には観光果樹園もあって、収穫の季節には多くの人たちが訪れる。**神籬遺跡《ひもろぎいせき》**が畑の中にあり、神霊が降臨する依代《よりしろ》とされ、付近の地名にもなっている。

聖徳太子ゆかりの平等寺

山裾にひっそり佇む玄賓庵

「元伊勢」檜原神社の三輪鳥居

ミカン畑の中にある神籬遺跡（遠景は景行天皇陵）

山の辺らしい原風景に癒される

山裾の道を景行天皇陵へ

民家の間を縫うようにつづく道は、上り下りと曲折を繰り返すが、分岐には「山の辺の道」と「東海自然歩道」の標識が設置されているので、見逃さないように確認しながら歩けば大丈夫だ。

日本武尊《やまとたけるのみこと》の父と伝わる**景行《けいこう》天皇の陵（渋《しぶ》谷向山《たにむこうやま》古墳）**は、濠《ほり》に囲まれた壮大なものだ。4世紀の古墳としては、その堂々とした造作が抜きんでている。

景行天皇陵の東側を通り抜けると渋谷《しぶたに》町で、公民館の前を通って崇神《すじん》天皇陵に向かう。このあたりも、民家の際を曲がりながらつづく道だが、**野菜や果物を並べる無人の売店**などがあるので、コースの心配は無用である。

点在する無人販売所もこの道の愉しみ

高台に上がると、大きな崇神天皇陵（行《あん》燈山《どんやま》古墳）が行く手に現われる。大和朝廷の創始者らしく、**奈良盆地を一望できる**すばらしい場所にある。金剛山《こんごうさん》から二上山《にじょうざん》、信貴山《しぎさん》から生駒山《いこまやま》のスカイラインが、それぞれの山の特徴をよく表わしている。一度目に焼き付ければ、忘れられないだろう。

耳成山と畝傍山が重なる絶景ポイント

コラム① 古墳の愉しみ

「古墳」と聞けば、大阪府堺市の大仙《だいせん》古墳（仁徳《にんとく》天皇陵）を思いうかべる人が多いと思うが、実は奈良には、１万基以上もの古墳や横穴墓・石室が確認されている。それらは、「古墳時代」(3 世紀中ごろから 7 世紀）のヤマト王権の支配者や豪族たちの墓とされている。

中でも「山の辺の道」周辺には、多くの古墳が点在するので、いにしえに想いを馳せ訪ね歩くのも一興だが、お勧めは山から望む古墳。前方後円・双方中円など、平地からはわからない古墳の形が手に取るようにわかる。

■古墳の種類と形

円墳《えんぷん》 	高松塚古墳、キトラ古墳
方墳《ほうふん》 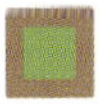	岩屋山古墳、都塚《みやこづか》古墳
前方後円墳 	渋谷向山《しぶたにむこうやま》古墳、行燈山《あんどんやま》古墳、西殿塚《にしとのづか》古墳、黒塚《くろづか》古墳、鶯塚《うぐいすづか》古墳、梅山《うめやま》古墳（欽明《きんめい》天皇陵）
前方後方墳 	西山古墳、下池山《しもいけやま》古墳
双方中円墳 	櫛山《くしやま》古墳

天皇陵に古代への想いを馳せる

崇神天皇陵と「双方中円墳《そうほうちゅうえんふん》」という形式の**櫛山《くしやま》古墳**との間をさらに北に向かうと、**天理市トレイルセンター**の屋根が見えてくる。ここでは、この道に関する案内と、黒塚《くろづか》古墳から出土した三角縁神獣鏡《さんかくぶちしんじゅうきょう》や石室のレプリカが展示されている。広いスペースは休憩するのに適しており、ぜひ立ち寄りたい。

長岳寺《ちょうがくじ》の大門を右に見て、なお北上すると中山廃寺だ。直前には柿本人麻呂《かきのもとのひとまろ》の万葉歌碑もある。中山公民館と大和《おおやまと》神社の御旅所《おたびしょ》を見て先に進めば、念仏寺の門前に出る。墓地のある右手、北東方向に進路を取り、五社《ごしゃ》神社の前を東へ右折すると**衾田陵《ふすまだのみささぎ》（西殿塚古墳《にしとのづか》）**が山手に佇《たたず》む。ここは、継体《けいたい》天皇の皇后、手白香皇女《たしらかのひめみこ》の陵墓とされ、南方には龍王山《りゅうおうざん》から三輪山の山々が連なっている。

崇神天皇陵の東に位置する櫛山古墳

天理市トレイルセンター

大和《おおやまと》古墳群最大規模の衾田陵

室町時代の名残り、萱生町環濠集落

「刀根早生柿発祥の地」碑

環濠《かんごう》集落から 奈良盆地西方の山々を望む

五社神社まで戻り、北へ進むと萱生《かよう》町に入る。濠《ほり》と竹藪《やぶ》が見られる独特の景観は、この地域が戦乱の世を生きるために自衛した**環濠集落の名残り**である。水面に映る影は穏やかだが、中世の混乱する社会的要素が凝縮されている。後年、大和郡山《やまとこおりやま》城主となった筒井順慶《つついじゅんけい》による大和の統一（1576年）で、その役割は終わった。さらに北の竹之内町も環濠集落で、**標高 100m から眺める二上山の山容**は印象的である。

この先「山の辺の道」は、夜都伎《やとぎ》神社から石上《いそのかみ》神宮へ通じるが、本コースでは、ここからゴール地点のJR「長柄《ながら》」駅へ向かう。

果樹園が広がる緩斜面を西に下り、歩道のある道路を南へ左折。道なりに進み、**「刀根早生《とねわせ》柿発祥の地」碑**が立つ三叉路を西へ右折する。この柿は、「富有《ふゆう》」「平核無《ひらたねなし》」とともに、日本三大品種のひとつとして知られており、あたりは産地らしい光景が広がる。

竹之内町から望む二上山に沈む夕陽

最後は戦艦大和で締めくくる

国道169号を横断して上《かみ》街道(古代の上ツ道)の十字路を南へ左折する。朝和《あさわ》小学校校門を左(東)に見ると**大和神社《おおやまと》の鳥居**がある。西側は緑濃い社叢林《しゃそうりん》で、約350mある参道の奥に社殿が建つ。神階正一位《しんかいしょういちい》の神域には、**戦艦大和《やまと》の守護神**も祀られている。

その脇から北へ森を抜けると、JR桜井線「長柄」駅は近い。振り返れば、大国見《おおくにみ》から龍王山にかけての山稜がのびやかに曲線を描く。

大和神社の鳥居

「戦艦大和ゆかりの神社」碑

ひとやすみ

カフェ Melissa

Melissaとはギリシャ語の「蜜蜂」が語源のハーブ。「山の辺の道」の、のどかな風景に溶け込むお店のロケーションともてなしは、立ち寄る人々をやさしく包み込んでくれる。ランチをいただくには、事前に予約が必要だ。

カフェ メリッサ

奈良県天理市中山町763
TEL：080-3811-0161
営業時間：[水・木・金] 10:00 ～ 16:00
[土・日] 10:00 ～ 17:00
定休日：月曜日、火曜日
コースマップ③(p.26)

コースマップ④
⑦大和三山コース
G ⑦大和三山コース
S ⑦大和三山コース
⑦大和三山コース
ビューポイント P.46
ビューポイント P.47
ビューポイント P.48
だんご庄 P.49
大和八木
耳無井
耳成山(139m)
耳成山口神社
耳成山登山口
耳成池
WC
耳成
近鉄大阪線
大福
香久山
JR桜井線
金橋
八木西口
畝傍
中京局
醍醐池
藤原宮跡
報恩寺
常願寺
天香山神社
國常立神社
天香久山(152m)
伊弉冊神社
天岩戸神社
天香久山登山口
日向寺
法然寺
飛鳥川
本薬師寺跡
藤原京朱雀大路跡
畝傍御陵前
近鉄橿原線
橿原市
畝傍山(199m)
東大谷日女命神社
若桜友苑
博物館
体育館
北参道
畝傍山登山口
表参道
橿原神宮
橿原公苑
懿徳天皇陵
深田池
橿原神宮前
橿原神宮西口
近鉄南大阪線
橿原運動公園
坊城
忌部山
真菅
古池
石川池
磁北
N
約7°
1:30000
0 100 200 300 400 500 1000m

変遷の舞台になった史跡をめぐり
古代日本に想いを馳せる

⑦大和三山コース

天香久山登山道から望む畝傍山

【⑦大和三山コースインフォメーション】 コースマップ❹（p.44）

スタート	近鉄橿原線・南大阪線・吉野線 橿原神宮前駅
ゴール	近鉄橿原線・大阪線 大和八木駅

所要時間	約５時間
歩行距離	約10km
レベル	初心者

インフォメーションプラス

・橿原神宮　開門時間：日の出～日没（神門開閉時間表は橿原神宮 HP に掲載）

コース行程

START 近鉄橿原線・南大阪線・吉野線 橿原神宮前駅 ＞＞ 約15分 ＞＞ 橿原神宮 ＞＞ 約35分 ＞＞ 畝傍山 ＞＞ 約25分 ＞＞ 若桜友苑 ＞＞ 約15分 ＞＞ 近鉄橿原線 畝傍御陵前駅 ＞＞ 約10分 ＞＞ 本薬師寺跡 ＞＞ 約30分 ＞＞ 天岩戸神社 ＞＞ 約25分 ＞＞ 天香久山 ＞＞ 約45分 ＞＞ 藤原宮跡 ＞＞ 約60分 ＞＞ 耳成山 ＞＞ 約20分 ＞＞ 耳無井 ＞＞ 約20分 ＞＞ 近鉄橿原線・大阪線 大和八木駅 GOAL

橿原神宮外拝殿の背後に横たわる畝傍山

橿原神宮境内にある畝傍山登山口

畝傍山山頂から西側に望む金剛山・葛城山

畝傍山山頂から北東側に望む耳成山

橿原《かしはら》神宮を抱く
大和三山《やまとさんざん》最高峰へ

畝傍山《うねびやま》・天香久山《あまのかぐやま》・耳成山《みみなしやま》を結ぶ三角形の中に藤原京が誕生した。持統《じとう》8(694)年に持統天皇によって営まれ、文武《もんむ》・元明《げんめい》の三代にわたる宮殿跡である。その地域を訪ねることは、国のまほろばを想い万葉の世界に浸る旅となる。

このあたりは奈良盆地の中心なので、夏期は避け、秋から春がベストシーズンだ。

近鉄橿原線・南大阪線・吉野線「橿原神宮前」駅からスタートして畝傍山（標高199m）に向かうと、橿原神宮の一ノ鳥居が正面に見える。表参道から境内に入り、南神門をくぐって**外拝殿**《げはいでん》に到る。神武《じんむ》天皇を祭神として明治23（1890）年に創建された神域は広大で、厳かな空気に包まれている。

参拝を済ませ、北神門を出て北参道を進めば、**畝傍山登山口の標識**がある。東大谷《やまとおおたに》日女命《ひめのみこと》神社を経て山腹を西に向かうと、近鉄南大阪線「橿原神宮西口」駅方面から来る登山道と出合う。照葉樹《しょうようじゅ》に覆われた西斜面の山腹を伝い、折り返して山頂に達する。畝傍山は大和三山では最も高く、一帯は神話の世界の舞台でもある。**西側と北東側の展望**に優れ、山上には旧山口神社の玉垣が残る。

登路を少し引き返し、露岩が見られる北東の尾根を慎重に若桜友苑《わかざくらゆうえん》へ下る。

持統天皇にも詠まれた名も麗しき山へ

　橿原神宮の北参道で境内を離れ、奈良県立橿原公苑第一体育館の北側から近鉄橿原線「畝傍御陵前」駅に向かう。駅舎の地下道で線路の東側に出よう。

　東へ進み、本薬師寺《もとやくしじ》跡に立ち寄る。周りの開けた空間から金剛山《こんごうさん》や飛鳥《あすか》方面が遠望できる。足もとにはホテイアオイや古代蓮《はす》が植えられ、**花の咲く時期は見応えある風景**が展開する。

　飛鳥川が現われたら南東方向に右折して、上飛騨橋で右岸に渡り、庚申《こうしん》さんのある竹藪《やぶ》の間をさらに東進する。法然寺《ほうねんじ》の門前を通り越せば飛鳥寺跡への道路と出合う。ここで北へ左折し、ひと筋目を東へ右折して**天岩戸《あまのいわと》神社**を目指す。

　南浦町の集落に入ったら、日向寺《にっこうじ》から**天香久山（標高 152m）登山口への標識**どおりに進もう。伊弉冊《いざなみ》神社（下の御前）を左に見て坂道を登りきれば山頂に着く。国家の大事を占う山とされ、三山の中では最も重要な山である。**広場には國常立神社**が建つだけで、樹木が繁茂して展望は得られない。社殿の前に壺《つぼ》があり、雨乞いが行なわれた。山名は天香久山・香具山・香久山などと記され、時代や文献によって使い方が異なる。また、他の二山は盆地の中の独立峰なのに対し、この山は飛鳥・多武峯《とうのみね》から下る尾根の末端にある。

本薬師寺跡周辺のホテイアオイ。遠景は金剛山

天岩戸神社

天香久山登山口。「香久山登山道」と表示されている

天香久山山頂広場と國常立神社

下八釣町付近から望む二上山

天香久山の山頂を辞して、北方の天香山神社へ下山する。簡素な佇《たたず》まいが山麓の景観とよくマッチしており、参拝してしばし休憩しよう。行く手には耳成山（標高139m）も姿を現している。

藤原宮跡から
３つめの山を目指す

藤原宮跡

下《しも》八《や》釣《つり》町から高殿《たかどの》町にかけては田園地帯で、遠くには笠を伏せたような三《み》輪《わ》山《やま》やふたつのピークを際立たせる二《に》上山《じょうざん》がよく見える。

報恩寺《ほうおんじ》と常願寺《じょうがんじ》の前を通って民家の西側に出ると、**藤原宮跡**が目の前いっぱいに広がる。現在も発掘調査が行なわれ、立入り制限がなされている区域もある。

大極殿《だいごくでん》跡を見て公園北側の駐車場から醍《だい》醐《ご》池の西側を北上し、環濠《かんごう》跡が残る醍醐町から、JR 桜井線・国道 165 号・近鉄大阪線を越えて耳成池に向かう。一部に歩道のない区間があるので、車には注意して歩こう。

耳成山登山口

耳成山公園の登山口から山口神社の参道を上り、本殿前から反転するようにして耳成山の山頂へ進む。山上に鎮座する神社から天神山とも呼ばれる。最高地点に**「明治天皇大演習御統監之地」の石碑と三角点の標石**がある。

耳成山山頂の石碑と三角点

コース最後まで
史跡を訪ねて

耳成山の山頂から北西方向に下り、**耳無《みみなし》井《い》**から木原町の住宅地に出よう。『大和名所圖會《ずえ》』には、耳無池(恋池)があったとされるところで、説明板には明治天皇が演習時に喉を潤したとある。

山裾を少し南西へ、三叉路を右折して西に進み、国道24号で南西方向へ左折すると、ほどなくゴール地点の近鉄橿原線・大阪線「大和八木《やまとやぎ》」駅にたどり着く。

明治天皇の喉を潤した耳無井

おみやげ

だんご庄の「おだんご」

近鉄大和八木駅前ロータリーの南にあるお店。創業以来135年余、製法は昔と変わらず、材料には上質の新米を昔ながらの唐臼《からうす》でついた米粉と最上質のきな粉、そして味つけには、初代庄五郎が苦心の末あみだした特製の蜜を使用。すべて手づくりで一本一本丁寧につくられているだんごは、素朴で懐かしい味わいだ。

だんご庄《しょう》 八木《やぎ》店

奈良県橿原市内膳町 1-3-8
TEL：0744-25-2922
営業時間：9:00〜17:00(売り切れ次第終了)
定休日：火曜日、第一水曜日
コースマップ④(p.44)

近鉄橿原線
橿原神宮前
石川池
甘樫丘
飛鳥寺
飛鳥川
岡寺
伝飛鳥板蓋宮跡
川原寺
明日香村役場
亀石
G ⑨ 御破裂山コース
万葉展望台
岡寺分岐
ビューポイント P.60
石舞台バス停
石舞台古墳
春日社
明日香の夢市 P.61
天武持統天皇陵
G ⑩ 高取山コース
飛鳥
中尾山古墳
飛鳥歴史公園
高松塚古墳
文武天皇陵
マラ石
冬野川
ビューポイント P.61
明日香村
勧請橋
雄綱
ビューポイント P.66
コッコロ*カフェ P.67
キトラ古墳
近鉄吉野線
壺阪山
飛鳥川上坐宇須多岐比賣命神社
⑩ 高取山コース
雌綱
大根田分岐
高取町
猿石
ビューポイント P.65
国見櫓跡
高取山（583m）
高取城跡
ビューポイント P.64～65
五百羅漢石仏群
電波塔
八幡宮
壺阪寺
壺阪寺前バス停
S ⑩ 高取山コース
大観音像
壺阪峠
WC
206
124
169
207
15
155
209
119

S G 8 音羽山・経ヶ塚山コース
下居バス停
観音寺標石
桜井市
8 音羽山・経ヶ塚山コース
ビューポイント P.54
音羽山観音寺
（善法寺）
音羽山
万葉展望台
WC
百市分岐
音羽山 (851m)
経ヶ塚山 (889m)
熊ヶ岳 (904m)
北音羽
下居
横柿
寺川
南音羽
百市
北山
37
9 御破裂山コース
高家分岐
北山分岐
増賀上人墓
念誦崛不動尊
御破裂山 (608m)
藤原鎌足墓所
談山 (566m)
竜神社
談山神社
摩尼輪塔
西大門跡
西口
155
多武峰
S 9 御破裂山コース
多武峯バス停
八井内
針道
飯盛塚
尾曽
鹿路
吉野町
37
15
コースマップ 5
8 音羽山・経ヶ塚山コース
9 御破裂山コース
10 高取山コース
磁北 N
約7°
1：35000
0 200 400 600 800 1000m

桜井を代表する山々から
奈良盆地の眺望を愉しむ

⑧ 音羽山・経ヶ塚山コース

音羽山中腹にある観音寺への参道

【⑧音羽山・経ヶ塚山コースインフォメーション】

コースマップ❺（p.51）

スタート	桜井市コミュニティバス 下居バス停
ゴール	桜井市コミュニティバス 下居バス停

所要時間	約 4 時間
歩行距離	約 8 km
レベル	中級者

インフォメーションプラス

・桜井市コミュニティバス　多武峯線「桜井駅南口」⇔「下居」乗車（時刻表・運賃表は桜井市 HP に掲載）

コース行程

近鉄大阪線 JR桜井線 桜井駅 »（桜井市コミュニティバス）» START 桜井市コミュニティバス 下居バス停 » 約30分 » 百市分岐 » 約30分 » 音羽山観音寺 » 約20分 » 音羽山万葉展望台 » 約30分 » 音羽山 » 約30分 » 経ヶ塚山 » 約100分 » GOAL 桜井市コミュニティバス 下居バス停 »（桜井市コミュニティバス）» 近鉄大阪線 JR桜井線 桜井駅

清楚な尼寺を目指して歩を進める

「音羽三山《おとわさんざん》」と呼ばれる音羽山《おとわやま》（標高851m）・経《きょう》ヶ塚山《つかやま》（標高889m）・熊《くま》ヶ岳《だけ》（標高904m）は、のびやかなスカイラインを描く稜線が魅力的だ。ここでは一般向のコースとして、熊ヶ岳を除く二座に登頂する往復コースを取り上げよう。

近鉄大阪線・JR桜井線「桜井」駅南口から、桜井市コミュニティバス多武峯《とうのみね》線の「談山《たんざん》神社」行に乗車し、山間部の「下居《おりい》」バス停で下車する。帰りのバスの時間を確認して南に向かってスタートすると、ほどなく**音羽山観音寺《かんのんじ》の参詣道入口に大きな標石**がある。

寺川を渡り、岐路を右に曲がって南音羽へつづく坂道を登る。静かな集落を通り抜けると、右手に百市《もものいち》へ向かう道が分かれるが、左の道に進路を取ろう。

参詣者のための駐車場から**急峻な参道**に入り、「十七丁」を目指してゆっくり歩みを進める。曲折を繰り返して高度を稼ぎ、樹林の中を約1kmで**石段**が現われる。

四季それぞれの趣で迎えてくれる観音寺の山号は音羽山で、正しくは善法寺。**境内の佇《たたず》まい**は清楚で、こぢんまりとした御堂と敷地が尼寺らしい。天平勝宝元(749)年の創建といわれ、長い歴史を誇る。また、音羽山清水寺(京都)の延鎮《えんちん》上人が霊感を得て堂宇《どうう》を建立したともいわれている。

音羽山観音寺への分岐の石標(下居)

観音寺への参道

観音寺境内への石段

音羽山観音寺

樹齢 300 年以上といわれるお葉付イチョウの大樹

お葉付イチョウ

境内にはカエデも見られ、なかでも**「お葉付イチョウ」**は県の天然記念物に選ばれており、**種子を葉に付ける**現象は、植物の進化を研究するうえで貴重である。奈良県内では、ほかに宇陀《うだ》市榛原《はいばら》の戒長寺《かいちょうじ》や曽爾《そに》村の門僕《かどふさ》神社にもあり、全国で数十本の存在が知られている。

展望台からの絶景を愉しむ

不動堂から奥へ、いったん沢を渡って迂回し、その後は沢沿いに高度を上げる。2013 年の台風による大雨で沢筋の道が少し荒れているので、ルートを迷わないように慎重に進もう。

標高 700m 付近に展望台（音羽山万葉展望台）を示す標識があり、沢を離れて左岸の支尾根に取り付く。少し登れば、遠く金《こん》剛山《ごうさん》を正面にして手前は御破裂山《ごはれつやま》の山並みが大きく目に映る。**このコース随一のビューポイント**である。

音羽山万葉展望台からの絶景
（遠景は金剛山・葛城山）

元の沢筋に戻り、さらに登ると右岸の尾根に道はつづく。しばしの急登で傾斜は弱まり、**音羽山の山頂**にたどり着くが、スギに囲まれて展望は得られない。二等三角点は登山道から左(東)に少し入った地点にあり、古くは倉橋山《くらはしやま》と呼ばれたらしい。

音羽山山頂

音羽山から経ヶ塚山を目指す

クマザサに覆われた稜線を、西側に廻り込みながら南下すると鞍部《あんぶ》になる。急坂を登り返し、大宇陀《おおうだ》への道を左(北東)へ分けると、ほどなく**経ヶ塚山山頂**に達する。多武峯の鬼門にあたることから、経文を地中に埋めたことが山名の由来とされる。

経ヶ塚山山頂

残念ながら、ここも展望はないが、**周囲は広葉樹の林**で雰囲気がよい。時代を感じさせる石燈籠が残り、秋なら山の恵みを味わうこともできる。ゆっくり時間を過ごしたい。この先、奈良盆地東南部の最高峰・熊ヶ岳への縦走路はササが生い茂り、経験者向ルートとなるのでここで引き返そう。

経ヶ塚山の山頂で休憩

同じ道でも
帰路には違う愉しみが

淡い紅紫色に濃い斑点の花をつけるハガクレツリフネソウ

帰路は往路をそのまま下るが、転がる石や濡れた岩には十分注意して足を踏み出そう。ゆっくり下りることで、上りには気づかなかった草花と出会えるかもしれない。秋なら、ツリフネソウやジャコウソウが目を愉しませてくれる。なかでも、**ハガクレツリフネソウ**は本州では紀伊半島だけに見られる植物である。

帰途のバスの便に時間を合わせ、この地の風光を存分に味わいながら、ゴール地点の「下居」バス停まで下山しよう。

ひとやすみ

いにしえ茶屋

「地元のものを食べてもらいたい」の一念で、酒屋のおかみさんが始められたお店。名物の三輪《みわ》そうめんも人気だが、大和《やまと》の茶粥《ちゃがゆ》は焙《ほう》じ茶でさらっと炊きあげられた味わいが疲れた身体に優しい。セットの一品料理は季節に合わせた日替わりで、まさにおふくろの味。また、オリジナルブランドのお酒「古代の道」を愉しむこともできる。

いにしえちゃや

奈良県桜井市川合 258-1（桜井駅北口）
TEL：0744-42-9288
営業時間：11:00 ～ 19:00
定休日：月曜日（祝日営業）
コースマップ③（p.27）

古代史のロマンを秘めた
多武峯から飛鳥への道をめぐる

⑨御破裂山コース

万葉展望台から望む絶景（遠景二上山、手前畝傍山）

【⑨御破裂山コースインフォメーション】

コースマップ❺（p.50～51）

スタート	桜井市コミュニティバス 多武峯バス停
ゴール	奈良交通 石舞台バス停

所要時間	約4時間
歩行距離	約8 km
レベル	中級者

インフォメーションプラス

・桜井市コミュニティバス　多武峯線「桜井駅南口」⇒「多武峯」乗車（時刻表・運賃表は桜井市 HP に掲載）
・談山神社　拝観時間：8:30～17:00（最終受付 16:30）、拝観有料

コース行程

近鉄大阪線 JR桜井線 桜井駅 ≫（桜井市コミュニティバス）≫ START 桜井市コミュニティバス 多武峯バス停 ≫ 約15分 ≫ 談山神社 ≫ 約15分 ≫ 談山 ≫ 約20分 ≫ 御破裂山 ≫ 約30分 ≫ 西大門跡 ≫ 約35分 ≫ 増賀上人墓 ≫ 約50分 ≫ 万葉展望台 ≫ 約35分 ≫ 上居集落 ≫ 約30分 ≫ 石舞台古墳 ≫ 約10分 ≫ GOAL 奈良交通 石舞台バス停 ≫（奈良交通）≫ 近鉄吉野線 飛鳥駅、近鉄橿原線・南大阪線・吉野線 橿原神宮前駅

談山神社参道入口に架かる屋形橋

摩尼輪塔

談山神社本殿

紅葉の季節に訪れたい 談山《たんざん》神社から

統一国家を成し遂げるため、大化改新を断行する中大兄皇子《なかのおおえのおうじ》(天智《てんち》天皇)と中臣鎌子《なかとみのかまこ》(藤原鎌足《ふじわらのかまたり》)にまつわる談山神社(創建時は妙楽寺)。謎に包まれる飛鳥《あすか》の石像遺跡…。古代史に登場する名所旧跡を繋ぐこのコースは、今はたおやかな光景を見せるだけである。しかし、その舞台は幻想的なイメージだけにとどまらず、祖先と祖国の激動の歴史を包み込んでいる。

近鉄大阪線・JR 桜井線「桜井」駅南口から、桜井市コミュニティバスの「談山神社」行に乗車し、「多武峯《とうのみね》」バス停で降りる。ここからスタートすると、吉野方面に至る車道が分かれる手前に**屋形橋**が架かり、それを渡って参道を進む。東大門(高麗門)は工事中だが、鎌倉時代の作といわれる**摩尼《まに》輪《りん》塔**を左に見て談山神社の正面に達する。

入山の受付けを済ませ、百四十段ある石段を上がれば右側(東)が楼門だ。奥に拝殿と**本殿**があるので、まず参拝してこよう。西側には、日本で唯一の**木造十三重塔**(高さ約 17m)があり権殿《ごんでん》が並び建つ。どれも重要文化財に指定され、秋は紅葉に埋まる社殿がことのほか美しい(拝観有料)。

紅葉に埋まる十三重塔と西宝庫

藤原鎌足を訪ねて ふたつのピークへ

水が流れる竜神社の側に**登山口**があり、談山《かたらいやま》（標高566m）・御破裂山《ごはれつやま》（標高607m）への道が北につづいている。尾根に出た右手（東）の**ピークが談山**で、中大兄皇子と中臣鎌子が藤の花が咲く頃に「大化改新」の談合を行ったとされる。

元に戻り、さらに北へ尾根を進むと西大門跡から来る広い道と合流するが、先に御破裂山を往復してこよう。

この凄まじい山名の由来は、天下に異変が生じる際には、山が鳴動し談山神社の神像が破裂（亀裂）するからだとされる。神社に残る『多武峯大織冠尊像《たいしょくかんそんぞう》御破裂目録』（広橋兼勝＝編纂、江戸時代）に記録され、大織冠尊像は藤原鎌足の神像を表わしている。鳴動の方向によってその内容は異なるといわれ、東からが朝廷、南からが幕府、北からが氏人、西からが万民、中央からが多武峯（寺院）といわれる。

御破裂山の山頂には鳥居と柵に囲まれた**藤原鎌足の眠る塚**があり、北西へ廻り込んだところに展望台がつくられている。

分岐に戻って西大門跡へ向けて進路をとり、飛鳥《あすか》方面の眺望が開けたら談山神社西口の車道に出る。少し下り、西大門跡を確認してこよう。

車道を戻り、次は北西に進む。**念誦崛《ねずき》不動尊**の分岐を過ぎると、増賀《ぞうが》上人墓への小道が右に分かれ、一段上った地点には、清

談山・御破裂山への登山口

談山山頂

藤原鎌足の墓

念誦崛不動尊

増賀上人の墓

水寺(京都)の元貫主＝大西良慶《りょうけい》師の生誕地を示す石碑が置かれている。増賀上人は多武峯中興の祖であり、尾根の高みに**石積みの立派な塚**が築いてある。

鎌足も息をのむ
大和の絶景を愉しむ

高家との分岐からすぐの三体の石仏

なおも車道は北上をつづける。北山への岐路で左(西)に進み、次の高家《たいえ》との分岐も左(西)に入る。ここからは、簡易舗装から地道に変わるので注意したい。すぐに**三体の石仏**が認められたら間違いない。

尾根上を緩やかに下り、飛鳥寺《あすかでら》と石舞台《いしぶたい》古墳の岐路では間の階段を上って**万葉展望台**に立ち寄ろう。西側が開け、飛鳥だけでなく金剛山《こんごうさん》・葛城山《かつらぎさん》・二上山《にじょうざん》などが一望のもとだ。このコースでは最高のビューポイントなので、ベンチに腰掛けてゆっくり眺望を愉しみたい。

万葉展望台。遠景は金剛山と葛城山

休憩を終えたら、分岐に戻って石舞台古墳への道を下る。途中で小さな沢を横切るものの、ほぼ尾根筋を進む。獣《けもの》除《よ》けのゲートを出たら、すぐに田畑が広がる。石仏群を見て、岡寺《おかでら》との三叉路は左(南)に向かう。

ミカンや柿が栽培される果樹園を縫って、道は大きく東にカーブを描く。ときおり見事なパノラマが展開し、その都度歩みを止めて眺めることになろう。春日社の鳥居を過ぎると**上居《じょうご》の集落**だ。この地名は高所にあるという意味で、多武峯の麓には下《お》居《り》がある。

上居の集落

日本の原風景に癒されてゴールへ

冬野川の上流域や、**祝戸《いわいど》から稲渕《いなぶち》にかけての棚田《たなだ》**を見ながらゆっくり下っていく。明日香《あすか》村の景観を堪能して平地に出ると、**石舞台古墳**が目の前に現われる。そのまま西に向かえば、古墳の入口を経て駐車場とゴール地点の「石舞台」バス停がある。

付近は国営飛鳥歴史公園として整備されているので、バスの時間に余裕があるようなら、公園内の遊歩道や周辺を散策してみよう。稲渕方面にはマラ石(陽石)があり、「日本の棚田 100 選」に選ばれた懐かしい風景が広がっている。

明日香村の棚田

石舞台古墳

おみやげ

「明日香の素材まるごとジャム(あすかルビー)」

明日香の地元で採れた新鮮な野菜や手作りの小物などが、店内にきれいに並べられている。特に奈良生まれのいちご「あすかルビー」を 100%使ったジャムはお勧め。2Fのレストランでは、古代米と明日香の野菜を使った食事や、冬期になると飛鳥鍋といった明日香ならではの食事も味わえる。

明日香《あすか》の夢市《ゆめいち》

奈良県高市郡明日香村島庄 154-3
TEL：0744-54-9450
営業時間：［月～金］10:00 ～ 16:00
　　　　　［土・日・祝］10:00 ～ 17:00
　　　　　※レストランは 11:00 ～
定休日：年中無休
コースマップ⑤(p.50)

壮大な山城跡からの眺望を愉しみ
古代ロマンに想いを馳せる

⑩高取山コース

高取城本丸跡から望むピラミダルな高見山(右、遠景)

【⑩高取山コースインフォメーション】

コースマップ❺(p.50)

スタート	奈良交通 壷阪寺バス停
ゴール	近鉄吉野線 飛鳥駅

所要時間	約5時間45分
歩行距離	約11.5km
レベル	初心者

インフォメーションプラス

・壷阪寺　開門時間：8:30～17:00、入山有料

コース行程

近鉄吉野線 壷阪山駅 ≫(奈良交通) START 奈良交通 壷阪寺バス停 ≫約30分 五百羅漢石仏群 ≫約40分 八幡宮 ≫約50分 高取山(高取城跡) ≫約40分 猿石 ≫約60分 雌綱 ≫約20分 飛鳥川上坐宇須多岐比賣命神社 ≫約25分 雄綱(勧請橋) ≫約60分 高松塚古墳 ≫約20分 GOAL 近鉄吉野線 飛鳥駅

五百羅漢《らかん》石仏群がお出迎え

美濃《みの》岩村城・備中《びっちゅう》松山城と並ぶ日本三大山城のひとつ。高取山《たかとりやま》（標高 583m）の山上にある大和《やまと》高取城は、今なお広壮な石垣を張り巡らして迎えてくれる。

山歩きだけでなく、城郭や西国三十三所観音霊場を巡る人々も数多く訪れる山である。ことに、紅葉や冬枯れの時期は美しく、思わぬ光景に出会える可能性が高い。

高取町（上土佐《かみとさ》・下土佐《しもとさ》）は、植村氏二万五千石の城下町。大和では郡山《こおりやま》に次ぐ大藩（高取藩）であった。３月には雛人形が町家に飾られ、風情ある町並みが城下町の雰囲気をとどめている。また、明日香《あすか》村は田園と暮らしが織りなす景観が美しく心やすらぐ。古墳を訪ねながら駅まで歩けば、より満たされた一日になるだろう。

スタート地点の**壷阪寺《つぼさかでら》**までは、奈良交通バスを利用する。正しくは南法華寺《みなみほっけじ》と称し、奈良時代創建の古寺である。西国三十三所第六番札所として、また眼病にご利益があるといわれて親しまれてきた（入山有料）。

壷阪寺境内入口から東へ、インド伝来の大観音石像を右手に見て道路を上る。**五百羅漢石仏群を案内する標識**から山道に入ると、行く手に**羅漢さんの刻まれた巨岩**が次々と目に入る。真興《しんぎょう》上人の作といわれ、それぞれ異なる表情が見飽きない。

西国三十三所第六番札所壷阪寺

五百羅漢への分岐の標石

巨岩に刻まれた五百羅漢

八幡宮

高取城跡の案内図

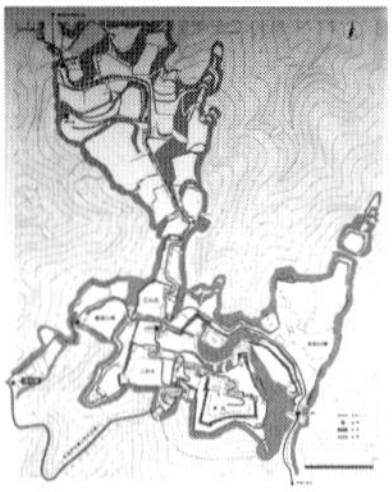

苔むす大手門跡

山城跡からの絶景に いにしえを想う

尾根に出ると、道は上り下りを繰り返して東へ進む。電波塔が建つピークの北側を巻き、保守管理車道の東側にある**八幡宮**を経由して再び車道と合流し、**高取城跡の案内板**で三度《みたび》山道に入る。

古木が目立つ道は石垣の間を進み、壺阪口門跡を過ぎると平坦になって三ノ丸跡の一角に着く。ここからカギ状に**大手門跡**・二ノ丸跡を経て本丸跡に向かう。

高取山の山頂部は標高差のある平坦地が広がり、天守跡や小天守跡を回ってその規模を確かめよう。南北朝時代に越智《おち》氏によって築城され、のち本多氏や寛永 17（1640）年に城主となった植村家政《うえむらいえまさ》によって整備されたが、現在は幾重にも重なる石垣が残るだけで、荒城の面影が漂う。

コラム② 高取城CG再現プロジェクト

一般にはあまり知られていないが、高取城は、その規模・比高において日本一の山城であった。明治時代半ばまでは天守などの建造物が残っていたが、今では石垣が残るだけだ。

その状態を憂慮した高取町・たかとり観光ボランティアガイドの会が奈良産業大学（現、奈良学園大学）とタッグを組み、「高取城 CG 再現プロジェクト」を立ち上げ、2007 年春に往時の壮大な山城の姿が CG で再現された。

このコースを歩いた人には感慨深い映像となること間違いないので、ぜひ見て欲しい。現代人には自分の体ひとつを山頂に運ぶのが厳しいこの山に、約 700 年前に人の力で築いた城の壮大さに驚くだろう。

© 奈良産業大学　高取城 CG 再現プロジェクト

「高取城 CG 再現プロジェクト」公式サイト
http://www.nara-su.ac.jp/archives/takatori/

吉野山を前に大峰山脈の山々を望む（高取城本丸跡から）

大樹の間からは、南に吉野川を挟んで**吉《よし》野《の》山《やま》から大峰《おおみね》山脈の山々を望む**ことができ、東は龍門《りゅうもん》ヶ岳《だけ》（標高 904m）の山並みの彼方に高見山《たかみやま》（標高 1248m）のピラミダルな山容が覗いている（→ p.62）。

謎の石像物に癒される

三ノ丸跡まで引き返して大手道を下る。千早《ちはや》門跡の下部左手（西）に、二上山《にじょうざん》や畝傍《うねび》山《やま》が見渡せる国見櫓《くにみやぐら》跡がある。簡単に往復できるので、ぜひ立ち寄ってほしい。

高取の城下町へ下る大手道と飛鳥《あすか》方面の分岐に**「猿石《さるいし》」**がある。元禄年間に明日香村で発掘されここまで運ばれたと伝わるが、飛鳥の謎の石像物のひとつである。

飛鳥の謎の石像物のひとつ「猿石」

栢森への尾根に残る高取城の石垣

地域に伝わる伝統行事を知る

竹林の尾根を北に進み、**石垣**の先で大根《おおね》田《だ》と栢森《かやのもり》への道が分かれる。ここから右手（北東）の谷筋を下ると、植林地から栢森の綱掛神事が行なわれる地点に下り着く。綱掛は勧請掛《かんじょがけ》ともいい、悪疫から人々を守り子孫繁栄・五穀豊穣を願うものである。栢森集落の西端に、**川を渡る綱と岩に巻かれた綱**が目に入る。これは雌綱《めづな》で女性のシンボル。下流の稲渕《いなぶち》には雄綱《おづな》があって、男性のシンボルが吊り下がっている。

飛鳥川上坐《あすかかわかみにいます》宇《う》須《す》多《た》岐《き》比《ひ》賣命《めのみこと》神社の鳥居前を通って稲渕まで来ると、前方に**棚田の開けた空間**が広がる。曼珠沙華《まんじゅしゃげ》（彼岸花）が咲く季節には、黄金の稲穂との対比を求めて訪れる写真家の姿が多い。

栢森の綱掛（雌綱）

川の女神を祀る飛鳥川上坐宇須多岐比賣命神社

秋には撮影の名所となる飛鳥の棚田

古代ロマンの象徴、
極彩色の壁画

飛鳥川を渡る勧請橋から案山子《かかし》の立つ棚田の道を登り詰め、上平田ノ丘(朝風峠)から民家の間を文武《もんむ》天皇陵方面に向かう。北側にある**高松塚古墳**にも立ち寄りたい。1972 年に発見された壁画は、七世紀末から八世紀初とされ、描かれた内容の美しさと良好な保存状態が大きな注目を集めた。北西に隣接する高松塚壁画館には、模写壁画と石室の模型が展示されている（入館有料)。

高松塚古墳

飛鳥歴史公園(高松塚周辺地区)の遊歩道を通って駅につづく道路へ出ると、ゴール地点の「飛鳥」駅は西へ約 500m にある。

ひとやすみ

山歩きが趣味というオーナーが営むカフェ。あたりは駅前とは思えない景観で、ゆっくりとした時間が流れている。自然とのふれあいを大切にされているだけあって、店内は広々としてとても開放的。素材や味にこだわったメニューも充実している。

コッコロ＊カフェ

奈良県高市郡明日香村御園 137-1
TEL：0744-54-3039
営業時間：11:00 ～ 19:00
定休日：水曜日
コースマップ⑤(p.50)

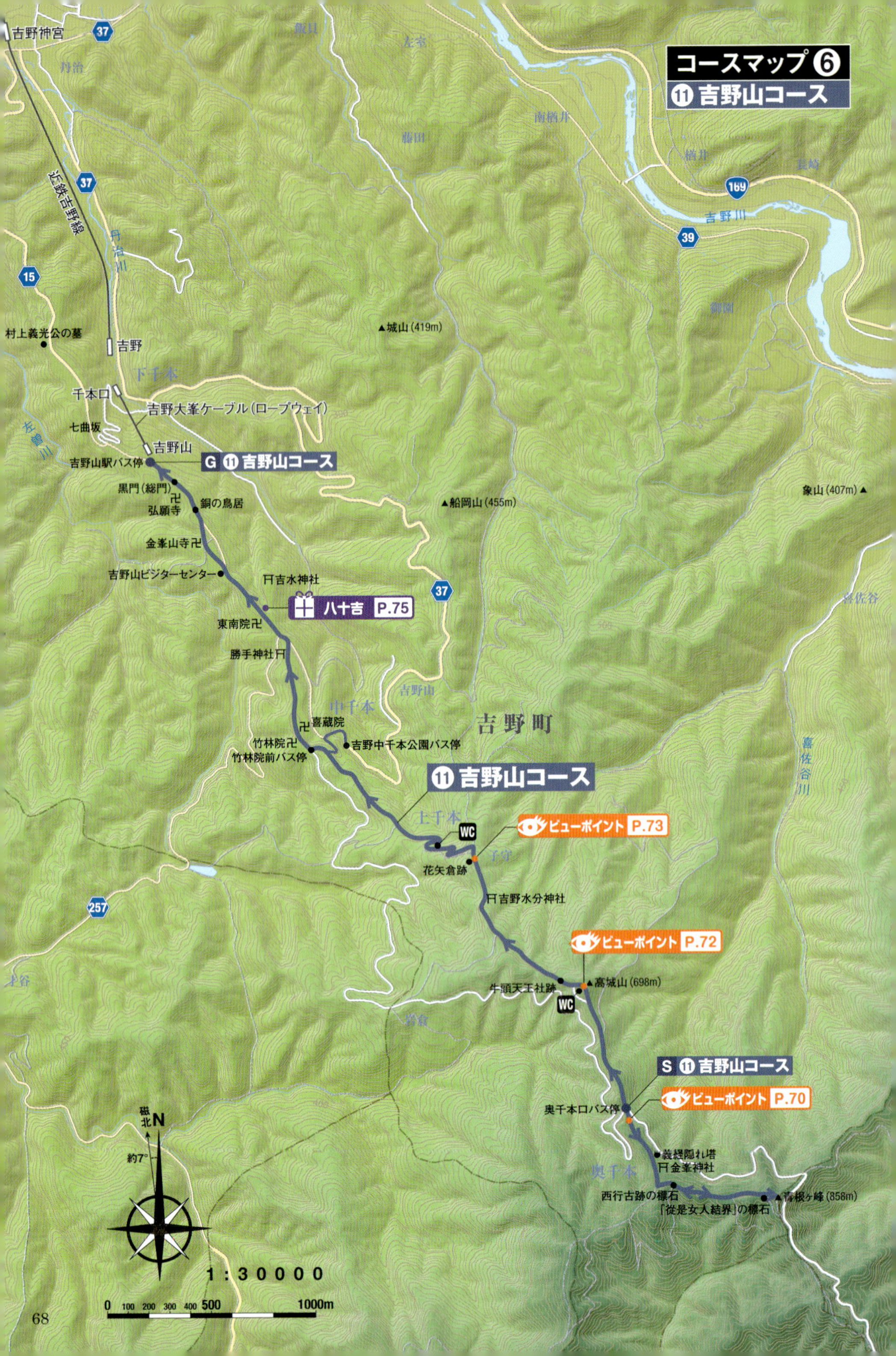

コースマップ❻
⑪吉野山コース
吉野神宮
37
近鉄吉野線
15
村上義光公の墓
吉野
下千本
千本口
吉野大峯ケーブル（ロープウェイ）
七曲坂
吉野山
吉野山駅バス停
G ⑪吉野山コース
黒門（総門）
弘願寺
銅の鳥居
金峯山寺
吉野山ビジターセンター
吉水神社
八十吉 P.75
東南院
勝手神社
喜蔵院
竹林院
竹林院前バス停
吉野中千本公園バス停
中千本
吉野町
⑪吉野山コース
上千本
WC
ビューポイント P.73
花矢倉跡
吉野水分神社
ビューポイント P.72
牛頭天王社跡
髙城山（698m）
S ⑪吉野山コース
ビューポイント P.70
奥千本口バス停
義経隠れ塔
金峯神社
奥千本
西行古跡の標石
青根ヶ峰（858m）
「従是女人結界」の標石
城山（419m）
船岡山（455m）
象山（407m）
吉野川
169
39
257
喜佐谷
喜佐谷川
磁北
N
約7°
1：30000
0 100 200 300 400 500 1000m

世に知られた桜の山
修験道の聖地を奥千本から下千本へ

⑪ 吉野山コース

上千本からの春の吉野山(撮影 桑原英文)

【⑪吉野山コースインフォメーション】 コースマップ❻ (p.68)

スタート	吉野大峯ケーブル自動車 (バス) 奥千本口バス停
ゴール	吉野大峯ケーブル自動車 (ロープウェイ) 吉野山駅

所要時間	約 3 時間15分
歩行距離	約6.5km
レベル	超初心者

インフォメーションプラス

- 金峯神社　拝観時間：7:00 ~ 16:30、義経隠れ塔拝観有料
- 金峯山寺 蔵王堂　拝観時間：8:30 ~ 16:30（受付は16:00まで)、拝観有料

コース行程

近鉄吉野線 吉野駅（乗り換え）吉野大峯ケーブル自動車（ロープウェイ）千本口駅 … 吉野大峯ケーブル自動車（ロープウェイ）吉野山駅（乗り換え）吉野大峯ケーブル自動車（バス）吉野山駅バス停 …

START 吉野大峯ケーブル自動車（バス）奥千本口バス停 >> 約15分 >> 金峯神社 >> 約30分 >> 青根ヶ峰 >> 約60分 >> 高城山 >> 約20分 >> 吉野水分神社 >> 約10分 >> 花矢倉跡 >> 約30分 >> 喜蔵院 >> 約20分 >> 金峯山寺 >> 約10分 >> GOAL 吉野大峯ケーブル自動車（ロープウェイ）吉野山駅

… 吉野大峯ケーブル自動車（ロープウェイ）千本口駅（乗り換え）近鉄吉野線 吉野駅

ロープウェイとバスで奥千本《おくせんぼん》まで

「一目千本」といわれるほど全山を覆う桜は、シロヤマザクラを主に約３万本。花の季節はもちろんのこと、新緑から紅葉そして冬景色と、年間を通して自然美を放っている。そこには、大峰山《おおみねさん》につづく奥駈《おくがけ》の拠点があり、南朝や源義経・西行《さいぎょう》らの過ごした時間が埋もれている。

一般に吉野山《よしのやま》と呼ばれているが、中腹の上千本《かみせんぼん》から下部を指す場合が多い。最高峰は奥千本の南限にあたる青根《あおね》ヶ峰《みね》（標高858m）で、宮滝《みやたき》に流れる喜佐谷《きさたに》の水源にあたる。それより南は、大峰山脈の峰々が紀伊半島の中央を100kmほど連なる。

桜のラッピングがかわいいロープウェイ

近鉄吉野線「吉野」駅から吉野大峯《おおみね》ケーブル自動車の「千本口」駅に向かい、現存する**日本最古のロープウェイ**に乗って「吉野山」駅で下車。さらに、「吉野山駅」バス停から吉野大峯ケーブル自動車（バス）の「奥千本口」行に乗り換えて終点で降りる。

スタート地点の「奥千本口」バス停から南を望むと、**金峯《きんぷ》神社の鳥居**を前に青根ヶ峰へつづく道が稜線に向けて伸びている。明るく開けた左右には山々が望まれ、北西方向に金剛山《こんごうさん》や葛城山《かつらぎさん》も認められる。

金峯神社鳥居（奥千本口）

奥千本から奥駈道で青根ヶ峰をめざす

金峯神社は修験道《しゅげんどう》の行場《ぎょうば》で、吉野の地主神である金山毘古神《かなやまびこのかみ》を祀《まつ》っている。黄金の守り神として崇敬《すうけい》される。参拝を終えたら、東側に少し下った**源義経隠れ塔**（蹴抜《けのけ》塔）にも立ち寄ろう（有料）。1185年11月に弁慶らと一緒に隠れたと伝わっている。

樹林の中につづく**大峯奥駈道**を上り、西行古跡の標石を右に見て、なおも東へ進む。西行庵は放浪の歌人＝西行が3年間隠れ住んだところで、あたりは静寂が支配している。「従是女人結界《これよりにょにんけっかい》」（慶応元年建立）の標石に出合ったら、奥駈道をそれて左手の高みに登る。階段をひと登りで青根ヶ峰の山頂だ。樹間を通る風は涼しいが、残念ながら眺望は得られない。

金峯神社

義経の隠れ塔

青根ヶ峰への道（奥駈道）

高城山展望台（遠景は金剛山から二上山の山並み）

牛頭天王社跡

吉野水分神社

上千本で高城山《たかぎやま》山頂からの眺望を愉しむ

往路を戻り、金峯神社の鳥居から尾根道を上千本へ向かう。緩《ゆる》やかな上り下りを繰り返して、南側から高城山（標高698m）に登る。ここは大塔宮《だいとうのみや》が吉野城の本丸を築いたところで、展望台の標識で右手の道に入ると、開けた山頂に休憩所が設けられている。上千本から中千本《なかせんぼん》を眼下に、遠く飛鳥《あすか》から東吉野、さらに**金剛山方面も望まれるビューポイント**で、新緑の頃なら、草花の美しさも格別である。

高城山山頂を後にして**牛頭天王社《ごずてんのうしゃ》跡**へ下り、豊臣秀吉が参拝し、秀頼を得たと伝わる**吉野水分《みくまり》神社**に向かう。本来は水を司る神だが、「みくまり」が「みこもり」に通じるとして、子宝・安産を願って参拝する人は多い。また、桃山時代の華麗で壮大な建築は重要文化財に指定されている。

中千本では寺院や庭園を訪ねる

この付近から民家や**店舗が散見**され、徐々に密度を高めていく。歌舞伎『義経千本桜』で知られる花矢倉《はなやぐら》の跡は、**山麓を見下ろすビュースポット**で、花の季節には濃淡のピンクの塊が山腹に浮かび上がる。

九十九折《つづらおり》の急坂を下り、僧宗信《そうしん》墓を右手に見て「竹林院《ちくりんいん》前」バス停まで来ると、その先は寺院が並ぶ。左手にある竹林院は弘法大師による開基で、大和《やまと》三名園のひとつに数えられる群芳《ぐんぼう》園が有名。秀吉の観桜の際に千利休が作庭し、のち細川幽斎《ゆうさい》によって改修された池泉《ちせん》回遊式の借景庭園だ（入園有料）。

右手は、冬の日に桜が咲き誇っている夢を見てから皇位についた大海人皇子《おおあまのおうじ》（天武《てんむ》天皇）の建立とされる櫻本坊《さくらもとぼう》と、智証《ちしょう》大師円珍《えんちん》が一宇《いちう》の堂を建てた**喜蔵院《きぞういん》**がつづく。ここは熊沢蕃山《ばんざん》（儒学者）が隠居した寺院で、現在は宿坊になっている。

袖振山《そでふるやま》の裾を過ぎると勝手《かって》神社があり、中千本の中心にあたる。義経と分かれた静《しずか》御前《ごぜん》が捕われたと伝わる。さらに、軒を連ねる家並みの間に東南院《とうなんいん》があり、多宝塔が美しい。駐在所や郵便局もあって、吉野山ビジターセンターでは自然と歴史・修験道に関する展示を見ることができる。

上千本の道

上千本から中千本・下千本を見下ろす

竹林院から喜蔵院への道

世界文化遺産の金峯山寺蔵王堂

下千本《しもせんぼん》で
世界遺産に圧倒される

行く手に壮大な**蔵王堂**の甍《いらか》が見えたら金《きん》峯山寺《ぶせんじ》は近い。世界文化遺産にも登録されている吉野山を象徴する寺院で、東大寺大仏殿に次ぐ規模の建物(奈良時代)だ。役小《えんのお》角《づぬ》(役行者《えんのぎょうじゃ》)が山上《さんじょう》ヶ岳《たけ》で苦行の末に蔵王権《ざおうごん》現《げん》を感得したのが修験道のはじまりである。自ら刻んだ桜が神木とされ、その後は信者らの寄進で桜の名所になっていった。南側の石段から境内に入って参拝しよう(有料)。

金峯山寺仁王門

仁王門から正面の石段を下ると、旅館と土産物、和漢胃腸薬「陀羅尼助《だらにすけ》」を扱う店が道の両側に並ぶ。前方には日本三鳥居のひとつに数えられる**「銅《かね》の鳥居」**が建つ。高さ約 7.5m の大鳥居で発心門《ほっしんもん》と呼ばれ、東大寺の大仏鋳造で残った銅が使われたという伝承が残る。

銅の鳥居

銅の鳥居から少し下った**黒門**は金峯山寺の総門にあたり、古くは公家や大名もここからは駕篭《かご》や馬から降り、槍を伏せてから参拝したという。また、弘願寺なども近く、帰路ロープウェイの時間に合わせて訪ねてみたい。

黒門からは、往路でバスに乗車した「吉野山駅」バス停とゴール地点のロープウェイ「吉野山」駅はすぐそこだ。

総門(黒門)

桜の名所ならではのお知らせ

ゴール地点の「吉野山」駅からさらに七曲坂を下って近鉄吉野線「吉野」駅に行くこともできるが、標高差は約110mあるので、足許には十分注意しよう（約20分）。

なお、4月の花見シーズンは、往路近鉄吉野線「吉野」駅から奈良交通の臨時バス「吉野中千本公園」行に乗車する。終点で下車し、近くの「竹林院前」バス停で吉野大峯ケーブル自動車のバスに乗り換えると、「奥千本口」バス停まで運んでもらえる。観桜期の運行期間などは奈良交通のウェブサイトで事前に確認しておきたい。

観桜期の吉野山は大変な人出になる。交通機関の臨時便や交通規制があるので、必ず事前に各種情報を確認して出かけるようにしたい。

吉野山観光協会公式サイト
http://www.yoshinoyama-sakura.jp/
観桜期の交通規制情報やエリア別開花情報が確認できる。

奈良交通ウェブサイト
http://www.narakotsu.co.jp/
トップページから「路線バス」⇒「臨時バス」に進むと、運行エリア別の臨時バス情報が確認できる。

吉野大峯ケーブル自動車ウェブサイト
http://www.yokb315.co.jp/
観桜期のロープウェイ（千本口～吉野山）、バス（竹林院前～奥千本口）の臨時ダイヤが確認できる。

おみやげ

八十吉の「葛もち」

嘉永四年より吉野山で創業以来、100年以上にわたって古代より人々に親しまれてきた吉野葛を作り続け、伝統を守り伝えてきた老舗。こだわりの黒蜜にくぐらせて食べる「吉野天神」という名の葛きりは、まさに天女の羽衣を思わせるような滑らかさで絶品。

八十吉《やそきち》

奈良県吉野郡吉野町吉野山501-1
TEL：0746-32-0700
営業時間：9:00～18:00
定休日：水曜日
コースマップ⑥（p.68）

コースマップ 7
⑫ 金剛山コース

金剛山地の盟主
「郵便道」で自然と伝説に浸る

⑫ 金剛山コース

「金剛山頂」の標識がある国見城址

【⑫金剛山コースインフォメーション】

コースマップ⑦ (p.76)

スタート	御所市コミュニティバス 高天口(または北窪)バス停
ゴール	金剛山ロープウェイ 金剛山駅

所要時間	約3時間30分
歩行距離	約7 km
レベル	中級者

インフォメーションプラス

- 御所市コミュニティバス　西コース「近鉄御所駅」⇒「高天口」(または「北窪」)まで乗車(時刻表は御所市 HP に掲載)
- 香楠荘 大浴場　日帰り利用時間：11:00～15:00（受付は 14:00 まで)、入浴料有料
- 金剛山ロープウェイ　「金剛山」駅⇒「千早」駅乗車（時刻表・運賃表は金剛山ロープウェイ HP に掲載)

コース行程

近鉄御所線 近鉄御所駅 ≫（御所市コミュニティバス 西コース）≫ START 御所市コミュニティバス 高天口(または北窪)バス停 ≫ 約25分* ≫ 高天彦神社 ≫ 約90分 ≫ 葛木神社 一ノ鳥居 ≫ 約10分 ≫ 葛木神社 ≫ 約10分 ≫ 転法輪寺 ≫ 約10分 ≫ 国見城址(金剛山頂) ≫ 約35分 ≫ 湧出岳 ≫ 約20分 ≫ ちはや園地展望台 ≫ 約10分 ≫ GOAL 金剛山ロープウェイ 金剛山駅 ≫（金剛山ロープウェイ）≫ 金剛山ロープウェイ 千早駅 (乗り換え) 金剛バス・南海バス ロープウェイ前バス停 ≫（金剛バス・南海バス）≫ 近鉄長野線 富田林駅・南海高野線 河内長野駅

＊北窪バス停からは約 40 分

田園風景越しに音羽三山《おとわさんざん》を望む

高天彦神社と「郵便道」の通る尾根（左）

金剛山《こんごうさん》（標高 1125m）は大阪府との境界にあって、「ダイヤモンドトレール」（屯《どん》鶴峯《づるぼう》～槇尾山《まきおさん》）や千早本道《ちはやほんどう》（千早赤坂村）など、大阪側の登山道が発達しているため、登山者の大半が西側からである。しかし、葛木《かつらぎ》神社をはじめ山頂一帯は奈良県に属し、県内の山として捉えると違った姿が浮かび上がってくる。

古くは葛城山《かつらぎやま》（葛木山）や高天山《たかまやま》と称したが、平安時代に金剛山寺ができてから現在の山名が一般化した。ここでは、田園風景が美しい御所《ごせ》市高天から山頂に通じる**「郵便道」**を登り、葛木神社に参拝してロープウェイ「金剛山」駅に到るコースを取り上げよう。戦前、山頂にあった郵便ポストへの集配業務を支えた道が名前の由来で、高天道とも呼ばれている。

近鉄御所線「近鉄御所」駅前から御所市コミュニティバス（西コース）に乗車し、「高天口《たかまぐち》」か「北窪《きたくぼ》」バス停で下車する。バスの便によって経由地が異なるため、早く出発できるバス停で下車したい。北窪からは、県道 30 号を南西へ約 15 分で高天口にたどり着ける。

「高天口」バス停からスタートして西に向かう。行く手には山稜が目の前に横たわり、振り返れば斜面に開かれた**田畑の彼方**に奈良盆地や音羽三山（→ p.53）・吉野山《よしのやま》

北窪付近の眺望（音羽三山の山並み）

などを望むことができる。金剛山の東山麓ならではの開放感だ。

樹木に包まれた**高天彦《たかまひこ》神社の参道**を上り、平坦地に出ると高天の集落である。**立ち並ぶ老杉の奥に社殿**があり、手前の駐車場の脇に鶯宿梅《おうしゅくばい》が見える。

高天彦神社の参道

高天彦神社の老杉

「郵便道」でしっかり山歩き

参拝を終えたら、鶯宿梅から高天谷を渡って民家の横から尾根に取り付く。このルートは迂回路で、本来の道は鳥居の前から高天滝（不動滝）の下流を高天谷右岸へ渡って尾根に上がっていたが、大規模な斜面の崩落で、現在は道が失われている。

植林帯の中で元の道と合流する。よく踏み込まれて道幅も広く、**安定した登り坂**である。幾重にも折り返しながら、ときには山腹を回り込んでつづいている。

植林帯の中、郵便道を登る

高度を上げると崩落地が現われ、その付近では対岸が望める箇所もある。標高900mあたりからは、樹木に閉ざされた急坂を頑張る。ゆっくり登ると、やがて水《みず》越峠から来る「ダイヤモンドトレール」と合流する。さらに山頂に向かうと、葛木神社の**一ノ鳥居**の下で金剛山ロープウェイ「金剛山」駅からの道と出合う。分岐点には、**吉野・高野道と伊勢・奈良・御所道の標石**がある。

葛木神社の入口、一ノ鳥居で休憩

吉野・高野道（右）と伊勢・奈良・御所道（左）の分岐

金剛山頂から大阪平野を眼下に

ここからは、山上の社寺をめぐるため、鳥居をくぐって北西に進む。仁王杉の先で右手に入るとブナ林があり、葛城山などを望める。あとひと登りで葛木神社だ。一言《ひとこと》主神《ぬしのかみ》を祀った神社は、北条氏の討伐を図ろうとした後醍醐天皇が大きく関わっている。河内の千早・赤坂に城を構え、幕府軍と戦った楠正成《くすのきまさしげ》の活躍をも支えた。最高地点は神の坐す場所なので入域できない。

拝礼ののち、**転法輪寺**《てんぽうりんじ》(金剛山寺)への道を下る。途中に夫婦杉の巨樹が立ち、付近は荘厳な雰囲気が漂っている。御堂の前から石段を降りると国見城址の広場に着く。ここに「金剛山頂」の標識があり、**展望広場**はいつも大勢の登山者らで賑わっている。**眼下は大阪平野**が広がり、六甲《ろっこう》や北摂《ほくせつ》の山々も眺められる。東側のブナ林にはベンチがあるので休憩に適している。

転法輪寺の出迎えの不動さん

常に賑わう金剛山山頂

金剛山山頂から大阪側を望む

一ノ鳥居まで戻り、一等三角点のある湧《ゆう》出岳《しゅつだけ》(標高 1112m)にも登ってみよう。高天彦神社からの登路を左に見て、次の分岐を左(東)に入る。電波塔のとなりに標石が埋設されているが、手前に葛城二十八宿の**第二十一経塚**を目にする。金剛山地をめぐる行は大峯の信仰と結びついて、時代とともに大きく発展した。葛城二十八宿とは、役小角《えんのおづぬ》が法華経八巻二十八品を埋納したとされる経塚をいう。

湧出岳にある葛城二十一経塚

ロープウェイ金剛山駅への道

360度の絶景を愉しむ

往路を戻り、尾根の西側を等高線に沿うように南に歩くと、**巨木が目立って**自然環境の良さを実感することができる。

やがて、「ちはや園地」の標識と道が現われ大阪府に入る。**展望台からは 360 度のパノラマビュー**。好天時には、東に高見《たかみ》山《やま》の鋭峰をはじめ、南にかけて台高《だいこう》山脈と大峰山脈が連なる。その西は奥高野から和泉《いずみ》山脈。北には、登ってきた**葛木岳(葛木神社)・湧出岳の金剛山上**が間近に見える。

高見山（左）から吉野山・大峰山の山並み（ちはや園地展望台から）

葛木神社のある金剛山のピーク(左)と湧出岳(ちはや園地展望台から)

千早赤阪村営の金剛山ロープウェイ金剛山駅

帰路は村営ロープウェイで千早赤阪《ちはやあかさか》村へ

なお南に下ると、伏見《ふしみ》峠への道を左（南東）に分ける。ここから北西へ向かえば、まもなく ゴール地点の**金剛山ロープウェイ「金剛山」駅**の駅舎と広場が見えてくる。南の尾根上には香楠荘《こうなんそう》（千早赤阪村営）があり、食堂と入浴施設もあるのでゆっくり過ごすことも可能だ（入浴有料）。

帰路は、大阪側の金剛山ロープウェイ「千早」駅まで降り、バスで近鉄長野線「富田林」または南海高野線「河内長野」駅へ向かう。

おみやげ

あけぼ乃の「葛城路・葛城の月」

近鉄御所駅前にあり、明治 18 年の創業以来、伝統と技が受け継がれている老舗和菓子店。お店の顔ともいえる「葛城路」や「葛城の月」といった定番はもちろん、創作系や季節に合わせた限定商品など多彩な和菓子が並んでいるのも嬉しい。

御菓子司　あけぼ乃

奈良県御所市大広町 328
TEL：0745-62-2071
営業時間：7:30 ～ 19:30
定休日：第 2、第 4 火曜日
コースマップ⑧(p.83)

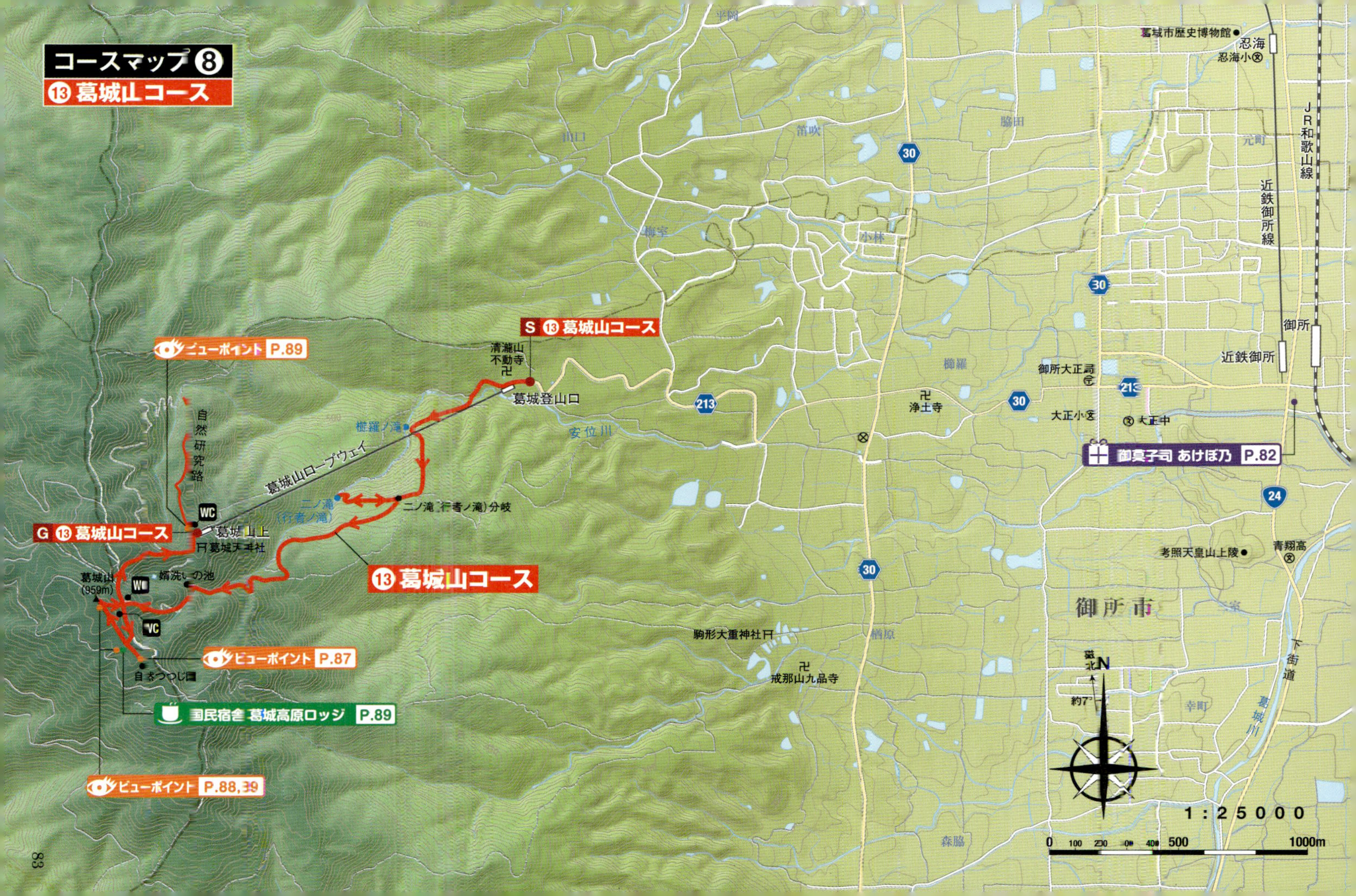

コースマップ8
⑬葛城山コース
S ⑬葛城山コース
清瀧山不動寺
葛城登山口
櫨羅ノ滝
葛城山ロープウェイ
二ノ滝（行者ノ滝）分岐
二ノ滝（行者ノ滝）
⑬葛城山コース
G ⑬葛城山コース
葛城山上
葛城天神社
自然研究路
ビューポイント P.89
ビューポイント P.87
ビューポイント P.88,39
葛城山(959m)
鍋洗いの池
自然つつじ園
国民宿舎 葛城高原ロッジ P.89
安位川
駒形大重神社
成那山九品寺
浄土寺
御所大正局
大正小
大正中
御菓子司 あけぼの P.82
近鉄御所
御所
近鉄御所線
JR和歌山線
忍海
忍海小
葛城市歴史博物館
考照天皇山上陵
青翔高
下街道
葛城川
御所市
1：25000
0 100 200 500 1000m
約7°
磁北
N

山上を彩るツツジの群落
美しい自然の宝庫を周回する

⑬ 葛城山コース

モノクロ写真では伝わりづらいかもしれないが、春には山上の斜面が赤く染まる(自然つつじ園)

【⑬葛城山コースインフォメーション】 コースマップ❽ (p.83)

スタート	奈良交通 葛城山ロープウェイ前バス停
ゴール	葛城山ロープウェイ 葛城山上駅

所要時間	約 3 時間
歩行距離	約 6 km
レベル	初心者

インフォメーションプラス

・葛城山ロープウェイ 「葛城山上」駅⇒「葛城登山口」駅乗車(奈良交通バス連絡時刻表は近畿日本鉄道 HP に掲載)

コース行程

近鉄御所線 近鉄御所駅 ≫ (奈良交通) ≫ START 奈良交通 葛城山ロープウェイ前バス停 ≫ 約5分 ≫ 清瀧山不動寺 ≫ 約20分 ≫ 櫛羅ノ滝 ≫ 約45分 ≫ 二ノ滝(行者ノ滝) ≫ 約60分 ≫ 婿洗いの池 ≫ 約10分 ≫ 葛城高原ロッジ ≫ 約5分 ≫ 自然つつじ園 ≫ 約10分 ≫ 葛城山 ≫ 約25分 ≫ GOAL 葛城山ロープウェイ 葛城山上駅 ≫ (葛城山ロープウェイ) ≫ 葛城山ロープウェイ 葛城登山口駅 ≫ (乗り換え) ≫ 奈良交通 葛城山ロープウェイ前バス停 ≫ (奈良交通) ≫ 近鉄御所線 近鉄御所駅

山歩きの前に
役行者《えんのぎょうじゃ》ゆかりの寺に参拝

　南北に連なる金剛山地には、葛城修験の行《ぎょう》場《ば》が全山にわたって点在する。**葛城山《かつらぎさん》**（標高959m）の名はその山々の総称だったが、山上に葛城天神社が祀られていることから、地元ではこの山を天神山と呼んでいた。そのほか、戒那山《かいなさん》や篠峰《しのみね》とも称す。役小角《えんのおづぬ》（役行者）が開いた修行の場や、なだらかで美しいスロープの草原を訪ね、多様な要素を愉しみたい。和泉《いずみ》山脈にある葛城山（標高858m）と区別するため、「大和葛城山」ともいわれる。

　４月から５月はツツジの季節で、この山が最も華やぐ。山中には、コバノミツバツツジ・モチツツジ・ヤマツツジ・レンゲツツジなど、時期を変えながらピンクから朱色の花を咲かせる。また、新緑・ススキ・紅葉も美しく、テーマを変えて歩きたい。

御所市内からの葛城山遠望

　近鉄御所《こせ》線「近鉄御所」駅前から「葛城山ロープウェイ前」行の奈良交通バスに乗車し、終点で下車。**葛城山ロープウェイ「葛城登山口」駅**前の広場と清瀧山不動寺（戒那院）の間の道を西に向かってスタートしよう。

葛城山ロープウェイ葛城登山口駅

　不動寺は葛城山で役行者が修行を始め、第一番の坊として堂を建てたところだ。櫛《くじ》羅《ら》藩（戦国時代）藩主＝永井氏の菩提寺《ぼだいじ》であった。境内からは、御所方面の眺望が得られるので、参拝かたがた立ち寄りたい。

櫛羅ノ滝

人の姿が絶えない登山道

自然林の中、山頂を目指す

滝と森林浴で心清める山歩き

安位《あに》川上流の深谷の左岸を進むと、右岸へ渡る手前に北尾根(秋津洲《あきつしま》展望コース)から下りてくる道が合流する。石畳のある右岸をしばらく進めば、**櫛羅《くじら》ノ滝**(不動ノ滝・尼ヶ滝)に向かう分岐に出る。

この滝は弘法大師によって「供戸羅《くじら》」と名づけられ、のち「櫛羅」と改められた。落差は約 10m。夏の「滝祭」では、山伏の問答が交わされる。

分岐に戻り、谷筋を離れて**斜面を登る**。尾根の末端は傾斜が強く、オーバーペースにならないようゆっくり足を運ぼう。頭上をロープウェイが通過すると階段も出てくるので、呼吸を乱さないようにしたい。

平坦な道になると、かなりの高度を稼いだことに気づくが、再び急登が待っているので休憩もしっかり取りたい。かつて、この付近に安位寺《あんいじ》があったと伝わり、「寺屋敷」などの地名が残る。

二ノ滝(行者ノ滝)を示す標識で、道はふたつに分かれる。滝は約 50m 下の谷に懸かっており、片道 400m ほど離れている(往復約 20 分)。この滝も役小角が修行したと伝わる。滝から分岐点まで戻り、岩が目立つ山頂への道を進む。谷を渡り返しながら曲折を繰り返し、斜面をトラバース(横断)する頃には**気持ちよい自然林**に囲まれる。

一度は見ておきたい 「ツツジの絨毯《じゅうたん》」

「大阪開通講」と丁石《ちょういし》が現われると、葛城天神社と自然研究路の分岐に着く。すぐ山手には「婿《むこ》洗いの池」があり、水争いに関わる凄まじい伝説が残っている。

池からは左手（南）の道に進路をとり、なお坂道を上ると食堂やトイレ・藤棚のある広い舗装路に出る。ロープウェイで来た人たちの姿も多く、これまでの静けさが嘘のような賑わいになる。

葛城高原ロッジが建つ南側に向かい、行く手に金剛山が見えると**自然つつじ園**が一望できる。春には、近くの南斜面と水越峠《みずこし》につづく稜線の北側が、咲き誇るツツジの花で埋まる。「一目百万本」といわれ、回遊路が整っているので、花の咲き具合や時間の都合で周遊してみよう。

「廿九丁」の標石（婿洗いの池付近）

自然つつじ園から金剛山を望む

葛城山山頂の三角点

山頂から関西を一望する

ロッジの北側から広いスロープを最高地点まで登ると、**二等三角点と「葛城山頂」の標識**が立つ**開放的な山頂**に着く。奈良から大阪にかけて、遮るもののない広大な景色に時間を忘れることだろう。条件に恵まれたら、大阪湾から淡路島、そして比叡山《ひえいざん》など京都方面も眺めることができる。

明るい草地から階段のつづく道を東に下ると、往路で通った食堂とトイレのある場所に戻ってくる。ここから舗装路を北に向かえば、岩橋山《いわはしやま》へつづく「ダイヤモンドトレール」を左(北西)に分ける。緩《ゆる》い坂道を道なりに下ると、自然研究路と婿洗いの池から上がってくる道が左右から合流する。その先の右手(東)には**葛城天神社**が鎮座している。

草原になった山頂部

葛城天神社

祭神は、『日本書紀』で最初に現われ出た國常立命《くにとこたちのみこと》だが、『古事記』では高天原《たかまがはら》へ八番目に現われた神である。加茂(鴨)氏の祖＝加茂建角身命《かものたけつぬみのみこと》の神跡とも伝えられ、天神の森を形成している。

人通りの多い道をあと少しで、ゴール地点の**葛城山ロープウェイ「葛城山上」駅**だ。休憩所と展望台があり、ロープウェイの時間まで山上でのひとときを過ごしたい。帰路はロープウェイで「葛城登山口」駅まで戻り、バスで近鉄御所線「近鉄御所」駅へ。

なお、葛城天神社の西から北側に下りる**自然研究路**には、ブナやミズナラの林があり、春先ならカタクリの花も見られる。余裕があれば、訪ねてみるのも一興だ。

ロープウェイ葛城山上駅から奈良盆地を望む

新緑の自然研究路

ひとやすみ

国民宿舎　葛城高原ロッジ

こくみんしゅくしゃ
かつらぎこうげんロッジ

標高959mの葛城山の頂上に位置し、清々しい空気とダイナミックな眺望は、まさに山の醍醐味。宿泊用の施設だが、食堂や大浴場は日帰り利用も可（入浴有料）。時間が許せば、名物の鴨を使った鍋料理も愉しんでみたい。

奈良県御所市櫛羅2569
TEL：0745-62-5083
営業時間：11:00～15:00
（日帰り入浴利用時間）
定休日：無休
コースマップ⑧(p.83)

コースマップ⑨
⑭二上山コース
磁北
N
約7°
1：23000
0
100
200
300
400
500
1000m
G ⑭二上山コース
S ⑭二上山コース
⑭二上山コース
二上神社口
当麻寺
近鉄南大阪線
大和高田バイパス
葛木倭文坐天羽雷命神社
二上神社
加守神社
WC
「二上山駅コース」分岐
葛木坐
二上神社
大津
皇子墓
雄岳
(517m)
馬ノ背
雌岳（474m）
ビューポイント P.94
岩屋峠
岩屋
祐泉寺
大龍寺
大池
傘堂
當麻山口神社
當麻小
中将姫の墓
當麻寺
仁王門
相撲館
「けはや座」
春日大明神
中将堂本舗 P.96
麻呂子山（213m）
葛城市
竹ノ内街道
神山（325m）
ふたかめパーク當麻
石光寺
新在家
染野
今在家
加守
磯壁
狐井
五位堂
良福寺
鎌田
勝根
當麻
白鳳中
磐城
史跡の丘
竹内集落
綿弓塚
菅原神社
長尾神社
165
166
168
160

「万葉集」に詠まれた悲しみの山容と
名所旧跡が散らばる山麓を愉しむ

⑭二上山コース

雰囲気のよい雄岳山頂から二上神社への道

【⑭二上山コースインフォメーション】

コースマップ❾（p.90）

スタート	近鉄南大阪線 当麻寺駅
ゴール	近鉄南大阪線 二上神社口駅

所要時間	約3時間45分
歩行距離	約7.5km
レベル	初心者

インフォメーションプラス

・當麻寺　拝観時間：9:00～17:00、拝観有料（中之坊、伽藍三堂拝観別料金）

コース行程

START 近鉄南大阪線 当麻寺駅 ≫ 約20分 ≫ 當麻寺 ≫ 約25分 ≫ 當麻山口神社 ≫ 約30分 ≫ 祐泉寺 ≫ 約20分 ≫ 岩屋峠 ≫ 約20分 ≫ 二上山雌岳 ≫ 約10分 ≫ 馬ノ背 ≫ 約20分 ≫ 二上山雄岳 ≫ 約5分 ≫ 大津皇子墓 ≫ 約60分 ≫ 二上神社 ≫ 約15分 ≫ 近鉄南大阪線 二上神社口駅 GOAL

當麻寺参道から望む二上山

當麻寺仁王門

一本柱の傘堂

山麓の名所旧跡を訪ねる

金剛山地の北端に、駱駝《らくだ》のコブを想わせるふたつのピークが並んでいる。山名はその背を男女の二神に見立て、「ふたかみやま」（二神山）と呼んだことによるらしい。

北側は大和《やまと》川が生駒《いこま》山地との間を流れ、南は日本最古の官道といわれる竹之内街道（大道）が岩橋山《いわはしやま》との鞍部《あんぶ》を横切っている。

近鉄南大阪線「当麻寺《たいまでら》」駅で下車し、當《たい》麻《ま》寺の門前町を西に向かってスタートする。寺が近づくにつれ**古い民家が軒を連ね、前方には丸みをおびた二上山《にじょうざん》**が大きく目に入る。道中には相撲館「けはや座」（入場有料）と「相撲開祖當麻蹶速《けはや》」の塚があり、すこし休憩するのに都合がよい。

東大門（仁王門）をくぐり抜け、金堂・講堂を経て本堂（国宝）に参拝する（拝観有料）。広い境内には東塔・西塔をはじめ塔《たっ》頭《ちゅう》が並び、白鳳時代創建の古刹《こさつ》は独特の雰囲気を醸し出している。重要文化財も多い。

山門（北門）を後に石光寺《せっこうじ》方面に向かい、中将《ちゅうじょう》姫の墓に立ち寄って當麻山口神社の参道を山手に上る。鳥居の先で神社の森が奥に広がり、その右手（北）に、彫刻職人左甚《ひだりじん》五郎《ごろう》作と伝わる**一本柱の傘堂《かさどう》**が目に入る。

岩屋《いわや》峠から雌岳《めだけ》を目指す

大池の南側から西側を巻くように進み、鳥谷口古墳の下を通過すると大龍寺の前に出る。このあたりで山麓の開けた景観が終わり、谷の両岸は迫ってくる。植林と雑木林の中に石仏があり、やがて**祐泉寺《ゆうせんじ》**が見えてくる。ここで道はふた手に分かれ、目指す岩屋峠へは左折（西）する。門のある正面の道は、雌岳（標高 474m）と雄岳《おだけ》（標高 517m）の間にある馬ノ背へ直接登ることができる。

薄暗いスギ林のもと、石に注意しながら登りきると**岩屋峠**だ。明るく開けた南側を少し下ると、**三体の如来坐像が彫られた岩屋**と十三重の石塔がある。近くには「岩屋の千年杉」もあるので、ぜひ見ておきたい。

祐泉寺の分岐。進路は左

岩屋峠で休憩する登山者

岩屋の如来坐像

日時計が設置された雌岳山頂

雌岳山頂からの眺望を愉しむ

岩屋峠へ戻り、北に向かう広い道は山腹を巻いて馬ノ背へ行くので、右手に分かれる雌岳への登路に進もう。細かく折り返しながら高度上げると、**大きな日時計がある雌岳山頂**の広場に達する。ベンチもあり、休憩に相応しい場所である。**南には葛城山**や飛鳥《あすか》方面を望むこともできる。

雌岳山頂から階段のつづく道を慎重に下れば、**馬ノ背の鞍《あん》部《ぶ》**に着く。トイレもあり、いつも山歩きの人たちで賑やかだ。ここは、四方から道が合わさるこの山の重要地点で、最高峰の雄岳へは、尾根伝いに北へ向かう。

雌岳山頂から南へ葛城山（手前）と金剛山（奥）

登山者で賑わう馬ノ背

雄岳で万葉に想いを馳せる

雄岳山頂は樹木に囲まれた平地が広がるだけで、標識もなくほとんどの人はそのまま通り過ぎる。すぐ東側に**葛《かつら》木《ぎ》坐《います》二上《ふたかみの》神社**と**大津《おおつの》皇《み》子《こ》墓**が現われる。

大津皇子は、異母兄弟の草壁《くさかべの》皇《み》子《こ》との皇位継承問題で亡くなった。姉の大来皇女《おおくのひめみこ》が悲しみ、二上山へ亡骸《なきがら》を移すときに「うつそみの人なるわれや明日よりは二上山《ふたかみやま》を兄弟《いろせ》とわが見む」と詠んだ。

十七丁の丁石《ちょういし》が立つところから下り坂になり、コナラなどが茂る雑木林に道はつづく。丁石を目にしながら、**一部で階段もある急な坂**を慎重に足を運ぼう。

この付近は、地形図に記された点線路（歩道）と位置が異なるので注意しよう。ルートは一本西側の支尾根を下り、下部をトラバース（横断）して本来の尾根に戻る。まもなく平坦になれば、ベンチが置かれた「二上山」駅コースの分岐である。

ここは右手（北東）に進み、急傾斜の階段が緩《ゆる》くなると葛《かつら》木《ぎ》倭文《しどり》坐《にいます》天《あめの》羽《は》雷命《いかづちのみこと》神社（倭文《しとり》神社）・二上《にじょう》神社・加守《かもり》神社（掃守《かもり》神社）の森が左手に見える。巨樹が林立する境内は静寂に包まれ、厳かな空気が漂っている。

見どころ満載の山麓を散策

正面の石段から鳥居を出て東へ下ると、

雄岳山頂

葛木坐二上神社

大津皇子墓

二上神社への下山道。慎重に足を運ぼう

山麓の溜池（大池）越しに望む二上山

すぐ加守の集落に入る。前方には奈良盆地が視野いっぱいに広がり、大和三山《やまとさんざん》から天《てん》理《り》方面の眺望がすばらしい。国道 165 号を横断してさらに東へ向かうと、ゴール地点の近鉄南大阪線「二上神社口」駅は近い。

時間的な余裕があれば、**溜池の多い山麓**を、二上山を右手に見ながら南東に向かい、石光寺（染寺）へ寄り道するのもよい。花の寺として知られ、ボタンやシャクヤクの季節は花に覆われる（入山有料）。

また、歴史ファンには當麻寺の南にある竹之内街道沿いの竹内集落がお勧めで、落ち着いた旧街道を散策することができる。

おみやげ

中将堂本舗の「中将餅（よもぎ餅）」

近鉄当麻寺駅の目の前。奈良時代、高貴な生まれでありながら若くして出家され、當麻寺で極楽へと旅立たれた中将姫。中将餅は昔から當麻の里に伝わるあんつけよもぎ餅を、牡丹の花びらに仕上げたもの。ひと口食べれば、疲れた体を優しい甘さが包んで癒してくれる。

中将堂本舗《ちゅうじょうどうほんぽ》

奈良県葛城市當麻 55-1
TEL：0745-48-3211
営業時間：9:00 ～ 18:00（売り切れ次第終了）
定休日：毎年 7 月に不定期の大型連休あり
コースマップ⑨（p.90）

コースマップ⑩
⑮信貴山コース
⑯三室山コース
⑮信貴山コース
S ⑮信貴山コース
G ⑮信貴山コース
ビューポイント P.100
ビューポイント P.03
てぬき庵 P.103
信貴山（437m）
分岐注意
信貴山城址
空鉢護法堂
多宝塔
朝護孫子寺
張り子の虎
開運橋
仁王門
信貴山バス停
東信貴ケーブル跡
高安山（488m）
高安山気象レーダー観測所
高安城倉庫址
高安山展望台
近鉄西信貴ケーブル
信貴生駒スカイライン
信貴フラワーロード
信貴生駒ニカイライン
⑯三室山コース
S ⑯三室山コース
G ⑯三室山コース
ビューポイント P.108
ビューポイント P.105
ビューポイント P.106,107
café Salt（カフェ ソルト） P.108
竜田川
椿井橋
法雲寺
念仏橋
業平道_標識
龍田神社
太田酒造
紅葉橋
堂山橋
堂山
吉田寺
JAならけん斑鳩
岩瀬橋
三室口登り口
三室山（82m）
神岳神社
神岳神社登り口
昭和橋
新王寺
王寺
斑鳩西小
平群
平群小
平群町役場
近鉄生駒線
勢野北口
京都局
信貴山下
三郷北小
三郷小
三郷中
西和清陵高
奈良学園大三郷キャンパス
王寺中
王寺工高
王寺町役場
王寺北小
JR関西本線
JR和歌山線
近鉄田原本線
斑鳩町
三郷町
柏原市
大和川
三室山
1:35000
0 200 400 600 800 1000m

信仰の山を覆う人々の願い
花や紅葉と奥深い歴史が魅力

⑮ 信貴山コース

朝護孫子寺本堂前からの眺望

【⑮信貴山コースインフォメーション】

コースマップ⑩（p.97）

スタート	奈良交通 信貴山バス停
ゴール	西信貴ケーブル 高安山駅

所要時間	約 3 時間
歩行距離	約 6 km
レベル	初心者

インフォメーションプラス

・朝護孫子寺 霊宝館　開館時間：9:00～16:30、拝観有料
・西信貴ケーブル　「高安山」駅⇒「信貴山口」駅乗車（時刻表は近畿日本鉄道 HP に掲載）

コース行程

近鉄生駒線 信貴山下駅
≫（乗り換え）
START 奈良交通 信貴山バス停
≫ 約20分
朝護孫子寺 仁王門
≫ 約30分
朝護孫子寺 本堂
≫ 約30分
信貴山（空鉢護法堂）
≫ 約20分
弁財天滝
≫ 約40分
高安山城倉庫址
≫ 約20分
高安山
≫ 約5分
高安山気象レーダー観測所
≫ 約15分
GOAL 西信貴ケーブル 高安山駅
≫（西信貴ケーブル）
西信貴ケーブル・近鉄信貴線 信貴山口駅

懐かしさも感じる門前町から

　生駒《いこま》山地の南部、平群《へぐり》町にある信貴山《しぎさん》（標高 437m）は、毘沙門天《びしゃもんてん》で知られる信仰の山だ。山はふたつの峰からなり、信峰・貴峰と呼ばれた。有名な国宝の「紙本《しほん》著色《ちゃくしょく》信貴山縁起」（信貴山縁起絵巻）が公開される時期に合わせて行けば、より充実した一日を過ごすことができるだろう。

　参詣者が多く、信貴山下から東信貴ケーブル（東信貴鋼索線）が 1983 年まで運行していた。大阪の八尾《やお》市側には現在も西信貴ケーブル（西信貴鋼索線）があり、往時からの雰囲気を味わうことができる。

　近鉄生駒線「信貴山下」駅前には、西へ一直線の坂道が山に向かって伸びている。今は住宅や学校が周辺を埋めており、東信貴ケーブルの線路跡は上半部だけしか見ることができない。

　近鉄生駒線「信貴山下」駅から「信貴山門」行の奈良交通バスに乗車し、東信貴ケーブル駅舎の跡である**「信貴山」バス停**で降車してスタートする。**朝護孫子寺《ちょうごそんしじ》の仁王門**へ向かう参道には旅館や民家が建ち並び、**門前町の佇《たたず》まい**がこの山の特徴を端的に表わしている。

信貴山バス停（旧東信貴ケーブル駅舎跡）

信貴山朝護孫子寺仁王門

旅館などが建ち並ぶ風情ある佇まい

信貴山中腹にある朝護孫子寺本堂を仰ぐ

山腹の寺院から
奈良盆地を俯瞰《ふかん》する

仁王門をくぐって境内に入ると、右手に猪上《いかみ》神社があって**中腹に建つ本堂と信貴山の山容**を仰ぎ見ることができる。まもなく、「信貴山門」バス停から開運橋《かいうんきょう》を渡ってくる参道が左から合流する。休憩所の先には、**大きな張り子の虎**が頭を動かして迎えてくれる。毘沙門天が寅年・寅の日・寅の刻に現われたことに因むシンボルだ。

シンボルの巨大な張り子の虎

赤門をくぐって**本堂への道**を進むが、右手の千手院《せんじゅいん》を経て成福院《じょうふくいん》に到る石段と、左手のカヤの大木(稲荷)を見て行くルートに分かれ、どちらも時間的な差異はない。

境内の参道を上る

三宝荒神《さんぼうこうじん》・不動明王の前から東へ進み、正面の本堂に参拝する。物部守屋《もののべのもりや》との戦に敗れ、四天王像をつくって討伐を祈願した聖徳太子が、守屋を滅ぼしたのち建立したとされる。毘沙門天から必勝法を授かったことで、篤く長い信仰の歴史がある。崖に張り出した御堂からは、奈良盆地を前に天理方面の山々や葛城山《かつらぎさん》などが一望のもとに姿を現わす。本堂正面から西に目をやると**木々に埋もれた玉蔵院《ぎょくぞういん》**が美しい。また、本堂北側にある霊宝館では、「信貴山縁起絵巻」のレプリカや大和郡山《やまとこおりやま》城主だった筒井《つつい》順慶《じゅんけい》の書状などが常設展示されている（入館有料)。

紅葉に埋もれる玉蔵院(本堂から)

歴史が埋もれる山頂へアプローチ

信貴山山頂からの眺め（葛城山・金剛山方面）

参拝を終え眺望を愉しんだら、空鉢護法《くうはちごほう》堂を目指して多宝塔へ向かおう。玉蔵院への道を左に分けると、鳥居が立ち並ぶ参道が山頂に向かって伸びている。このあたりまで来ると大きな木々も多く、山らしい空気に包まれる。九十九折《つづらおれ》の道を尾根に上がれば、信貴山城址を経て山頂に建つ空鉢護法堂にたどり着く。天候に恵まれたら、二上山《にじょうざん》・**葛城山・金剛山《こんごうさん》などが望める南側の景観**が美しい。御百度《おひゃくど》を踏む人や祈りを捧げる信者が多くおられるので、妨げにならないよう節度を持って休憩したい。

信貴山城址

信貴山城は、天智《てんじ》天皇が築いて新羅《シルラ》の侵攻に備えたとされ（『日本書紀』）、戦国時代には、織田信長に反逆した松永久秀《まつながひさひで》が居城したと伝わっている。

城址の広場まで引き返し、左折して北へ向かう。軽自動車が通れる道幅だが、かなりの**急坂**なので一歩ずつ意識して下ろう。

高安山への道。足もとに気をつけて進もう

道は信貴畑《しぎはた》・平群方面につづいており、高安山《たかやすやま》（標高488m）へは左手（西）の山道に入るが、ここは分岐に標識がないので注意したい。コースは信貴山山頂から北西にとる尾根を辿ることになるが、道は南東から北・西へ反時計廻りで歩くことになる。

傾斜が弱まって鞍部《あんぶ》になると、行場《ぎょうば》のひとつ、**弁財天滝**への標識が現れる。南の谷筋を約10分下れば見ることができる。

弁財天滝

高安山城倉庫址

昭和期の観測所に時代を感じる

緑濃い樹林帯を緩《ゆる》やかに登り返すと、しばらくして**高安山城倉庫址**の標識と出合う。右手(北)へ数分で行くことができるので、立ち寄ってみよう。平坦な尾根に礎石《そせき》が配置され、送電線の彼方北方に生駒山《いこまやま》を望むことができる。

高安山山頂

分岐に戻ってなお西へ行くと、信貴生駒スカイラインが交差する。車に注意して横断し、高みに登ると高安山である。北側から車道が通じており、切り通しの手前から西に上がれば**二等三角点のある山頂**だ。広葉樹の枝葉に閉ざされ展望はきかない。

高安山気象レーダー観測所

山道を南に下ると、**高安山気象レーダー観測所**の前で切り通しからくる車道に戻ることができる。衛星による気象観測が普及する前は、関西の気象情報の発信地として、重要な拠点であった。テレビの天気予報にレーダーの画像が映されたため、馴染みのある方は多いはずである。とくに、台風の見張り役として活躍した。

西信貴ケーブル高安山駅への道

サクラの巨木などが目立つ樹林に、道は尾根の西側を進む。近鉄信貴線「信貴山口」駅から上がってくる「おおみち」が「かいうんばし」で合流する。**照葉樹《しょうようじゅ》の林**をさらに西へ向かえば、尾根を廻り込んでゴール地点の西信貴ケーブル「高安山」駅にたどり着く。

ご褒美は大阪方面の絶景

駅の南側にある**展望台**からは、大阪方面の展望が大きく広がっている。条件が良ければ、大阪湾から淡路島や六甲《ろっこう》・北摂《ほくせつ》の山並みもはっきり望むことができる。ケーブルの待ち合わせにお勧めのスポットだ。

帰路は、**西信貴ケーブル**で「高安山」駅から「信貴山口」駅まで下り、近鉄信貴線に乗り換えて大阪側から帰ろう。

高安山駅の南側にある展望台

「しぎとらくん」が愛らしい西信貴ケーブル

ひとやすみ

てぬき庵

大正時代の古民家を改装したというお店。店内はとても広い座敷になっており、目の前には信貴山を借景にしたお庭が広がるのでとても明るく開放的。大きな松をはじめ、たくさんの木々が四季折々に愉しませてくれる。喫茶メニューが中心となるが、無農薬玄米と焙《ほう》じ茶でつくった茶粥《ちゃがゆ》も食べられる。

てぬきあん

奈良県生駒郡平群町信貴山 2303-7
TEL：0745-72-0585
営業時間：10:00～17:00
定休日：月～木曜日（金・土・日曜日・祝日営業※火・木曜日は予約があれば利用可）
コースマップ⑩(p.97)

龍田神が坐す美しい山の姿を愛で
和歌に詠まれた景色を愉しむ

⑯ 三室山コース

神奈備と崇められた三室山の山容

【⑯三室山コースインフォメーション】

コースマップ⑩（p.97）

スタート	JR関西本線・和歌山線 王寺駅、近鉄生駒線 王寺駅、近鉄田原本線 新王寺駅
ゴール	近鉄生駒線 竜田川駅

所要時間	約2時間30分
歩行距離	約5km
レベル	超初心者

インフォメーションプラス

・太田酒造　営業時間：無休（夏期8:00～19:00、冬期8:00～18:00）。蔵の見学は要予約（TEL:0745-75-2015）

コース行程

START JR関西本線・和歌山線 王寺駅、近鉄生駒線 王寺駅、近鉄田原本線 新王寺駅 ≫ 約20分 ≫ 昭和橋（大和川） ≫ 約25分 ≫ 三室山 ≫ 約20分 ≫ 堂山 ≫ 約25分 ≫ 龍田神社 ≫ 約30分 ≫ 念仏橋（竜田川） ≫ 約30分 ≫ GOAL 近鉄生駒線 竜田川駅

大和《やまと》川からの眺望を愉しむ

生駒《いこま》山地の東面と矢田《やた》丘陵の西面を流域にする竜田《たつた》川は、古くから紅葉で知られる景勝地だ。現在は県立竜田川公園として遊歩道が整備され、憩いを求めてたくさんの人々が訪れる。かつては上流を生駒川（胆《い》駒《こま》川）、下流を平群《へぐり》川と称し、斑鳩《いかるが》町神南《じんなん》で大和川に合流する。

三郷《さんごう》から斑鳩にかけては、聖徳太子にまつわる寺社や伝承が多い地域である。龍田《たつた》大明神を祀る龍田神社は、太子に法隆寺建立を勧め守護神になったとされる。

大阪の通勤圏だけに住宅の建設も盛んだが、旧街道とその周辺には風情ある家並みと田園風景を見ることもできる。

JR関西本線・和歌山線「王寺《おうじ》」駅と近鉄生駒線「王寺」駅、近鉄田原本《たわらもと》線「新王寺」駅からスタートして、北側の市街地に出る。駅前を東西に走る県道156号を横断し、ひと筋東の道を北へ左折すると**落ち着いた住宅地**だ。三叉路を東へ右折して次の十字路を北へ左折すると、大和川の堤防が目の前に現われる。左岸の堤防からは川沿いの広々とした空間が見渡せ、**西には信《し》貴山《ぎさん》の稜線を望む**ことができる。

王寺の落ち着いた町並み

大和川に架かる昭和橋付近から見た信貴山

三室山（神岳神社）の
登り口

神岳神社

竜田川（遠景は松尾山の山並み）

川沿いの散策道から三室山を振り返る

神が坐す山で歴史を感じる

昭和橋で右岸に渡り、堤防の道を上流ひと筋目で北東へ左折してすぐ右に曲がり、南東方向へ直進して住宅に突きあたるところを北東へ左折する。住宅地の中を道なりに標高を上げると、三室山（標高 82m）の山裾に曲線を描いて進む。**神岳《かむおか》神社の標石**が現われたら北西へ左折して、参道の石段を上がると**社殿**が見える。『万葉集』に登場する古代の神奈備《かんなび》社である。

その前を北上した三室山公園には、遊歩道やベンチが設けられている。サクラも多く、紅葉だけでなく花の季節も美しい。山頂には東屋《あずまや》が建ち、傍には能因《のういん》法師の供養塔と伝わる五輪塔がひっそり佇《たたず》んでいる。三室山は「神がこもりおわす山」の意で、本意は御室・御諸であろう。

能因法師は、平安時代中期の僧侶であり歌人。中古三十六歌仙のひとりである。竜田川を詠んだ「嵐吹く三室の山のもみぢ葉は　竜田の川の錦なりけり」がある。

公園を北側へ下山すると、**竜田川**が目の前を流れる。川べりに歩道があるので、ここから上流は車道を離れたい。岩瀬橋で振り返ると、**今しがた登ってきた三室山**が木々を纏《まと》った姿を見せている。かつて神奈備と崇《あが》められたこの山を、最も髣髴《ほうふつ》させる光景だ。

訪れるなら
紅葉シーズンがおすすめ

右岸の歩道をさかのぼり、**朱塗りの堂山《どうやま》橋**で東に渡る。上流に架かる紅葉《もみじ》橋も朱塗りで、この辺りは樹木も大きく、秋には見応えある紅葉スポットになる。

左岸の丘陵に上がると堂山で、**見事な紅葉**に目を奪われる。樹間からは紅葉橋が見下ろせる。ここは、「賤ヶ岳《しずがたけ》の戦《いくさ》」の「七本槍」のひとりである片桐且元《かたぎりかつもと》の陣屋跡（龍田城）といわれ、少し離れた南東側には、住宅に囲まれた濠《ほり》が残っている。

堂山公園の北端から東側の住宅地に出て東へ直進すると、500m ほどで龍田神社正面の道と出合う。「JA ならけん斑鳩」のある十字路を北へ左折し、龍田神社南の信号で国道 25 号を横断すると**鳥居の前**だ。旅籠《はたご》や商家が連なり、「龍田市《たつたいち》」で栄えた街道の家並みが時代を感じさせる。当時この市で活躍した猿楽の坂戸座が、能楽の金剛流に繋がっていく。

本殿で拝礼したら旧道（龍田街道）を西に向かい、県の有形文化財である太田酒造の建物の手前 50m を北へ右折する。太田酒造の母屋は天保 9（1838）年の建築で、他の棟も文化財に登録されている。細い道を北に進み、次の道を西へ左折。ちょうど酒造所の北側を歩くことになる。突き当たりを北へ右折して、西から北へ道なりに進み、竜田川の左岸に出ると**「業平道」**と名づけられた散策路と出合う。

堂山橋から竜田川上流を望む

堂山公園の紅葉

龍田神社

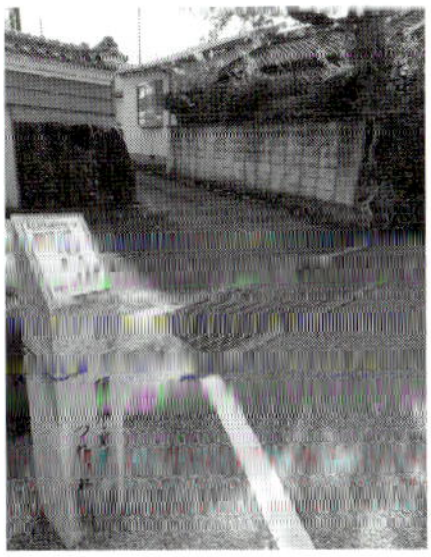

「業平道」の標識

散策道を上流へ

この道は、平安時代の歌人である在原《ありわらの》業平が、櫟本《いちのもと》から高安《たかやす》に通った道とされる。**山裾の民家と川の流れ**が美しく、両岸が狭まるのでより印象深い景観になる。ベンチとトイレもあり、休憩がてら季節を楽しみたい。

念仏橋を右岸に渡ると、龍田から龍田西へ地域が変わる。竜田川沿いの遊歩道を遡り、法雲寺の門前まで来るとその西側で車道がふた手に分かれる。右手の細い道に進み、椿井《つばい》橋の袂にある信号で道路を横断すると、**上流方向には生駒山**の姿がある。

椿井橋から生駒山を仰ぐ

車に注意しながら狭まった道を北西に向かい、近鉄生駒線の踏切手前を北へ右折するとゴール地点の「竜田川」駅に到着だ。

ひとやすみ

cafe Salt

近鉄竜田川駅の西側に建つオシャレなカフェ。こだわり抜かれた木のテーブルと椅子のセットで茶色を基調とした店内は、大きな窓が明るく開放的だ。落ちついた雰囲気の中でゆっくりと寛げるのが嬉しい。

カフェ ソルト

奈良県生駒郡平群町西宮 3-8-11 2F
TEL：0745-45-3219
営業時間：［平日］11:30 ～ 18:00
［土・日］11:30 ～ 16:00
定休日：火曜日
コースマップ⑩(p.97)

コースマップ⑪
⑰生駒山コース
近鉄けいはんな線
近鉄奈良線
生駒
生駒市役所
鳥居前
東生駒
近鉄生駒ケーブル宝山寺線
G ⑰生駒山コース
宝山寺
ナイヤビンギ P.115
寳山寺奥之院本堂
寳山寺
梅屋敷
近鉄生駒ケーブル山上線
霞ケ丘
ビューポイント P.114
生駒山上遊園地
生駒山上
生駒山（642m）
WC
信貴生駒スカイライン
菜畑
近鉄生駒線
一分
第二阪奈有料道路
壱分ランプ
展望台
ビューポイント P.113
308
暗峠
⑰生駒山コース
生駒市
南生駒
なるかわ園地
大原山（522m）
信貴生駒スカイライン
光明山神感寺
千光寺
千光寺山門
揺地蔵
清滝石仏群
鳴川峠首切地蔵
萩の台
ビューポイント P.111
東山
1:30000
0 100 200 300 400 500 1000m
S ⑰生駒山コース
元山上口
104
168

遊園地や夜景で親しまれる山に
埋もれた信仰と宗教を訪ねる

⑰ 生駒山コース

遠く若草山も望む、暗峠から奈良方面の眺望

【⑰生駒山コースインフォメーション】 コースマップ⑪（p.109）

スタート	近鉄生駒線 元山上口駅
ゴール	生駒ケーブル宝山寺線 宝山寺駅

所要時間	約 5 時間*
歩行距離	約10km*
レベル	初心者

*オプションコースを含めない場合のゴール地点と時間と距離。含めた場合、ゴールは近鉄奈良線・生駒線・けいはんな線 生駒駅。所要時間約 5 時間 30 分。歩行距離約 11km。

インフォメーションプラス

・生駒山上遊園地　通常営業時間：10:00～17:00（入園無料）、休園日：木曜日（祝日および春休み・夏休みは営業）、冬期（12 月～3 月中旬）詳細は HP に掲載
・寶山寺　開門時間：夏期 8:00～16:30、冬期 8:00～16:00
・生駒ケーブル　「生駒山上」駅⇒「梅屋敷」駅、「宝山寺」駅⇒「鳥居前」駅乗車（時刻表は近畿日本鉄道 HP に掲載）

コース行程

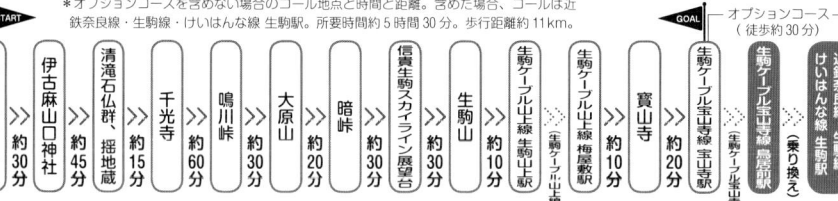

START 近鉄生駒線 元山上口駅 >> 約30分 >> 伊古麻山口神社 >> 約45分 >> 清滝石仏群、揺地蔵 >> 約15分 >> 千光寺 >> 約60分 >> 鳴川峠 >> 約30分 >> 大原山 >> 約20分 >> 暗峠 >> 約30分 >> 信貴生駒スカイライン展望台 >> 約30分 >> 生駒山 >> 約10分 >> 生駒ケーブル山上線 生駒山上駅 >>（生駒ケーブル山上線）>> 生駒ケーブル山上線 梅屋敷駅 >> 約10分 >> 寶山寺 >> 約20分 >> GOAL 生駒ケーブル宝山寺線 宝山寺駅

オプションコース（徒歩約 30 分）
生駒ケーブル宝山寺線 宝山寺駅 >>（生駒ケーブル宝山寺線）>> 生駒ケーブル宝山寺線 鳥居前駅 >>（乗り換え）>> 近鉄奈良線・生駒線・けいはんな線 生駒駅

里山から行場《ぎょうば》を目指す

奈良や大阪に住む人々にとって、生駒山《いこまやま》（標高642m）は子供の頃から馴染みの場所であろう。生駒山地の主峰であり大きなドーム状の山容はどこから見てもよく目立つ。また、『古事記』『日本書紀』の「神武《じんむ》東遷《とうせん》」説話にも記されるほど古くから人々に認められた山でもあった。

山中や山麓に点在する史跡も多く、日本の歴史と深く結びついた景観は懐かしさであふれている。歩くことで、より鮮明な印象が残るはずだ。数多くの登山道があるなかで、本書では、「元山上《もとさんじょう》」と呼ばれる修験の地から大原山（標高522m）を経て山頂に達する、趣あるコースを取り上げる。

近鉄生駒線「元山上口《もとさんじょうぐち》」駅からスタートし、北側の踏切と竜田《たつた》川を渡って緑ヶ丘の住宅地に向かう。櫟原《いちはら》川の左岸をさかのぼり、**伊古麻《いこま》山口神社**の前で西へ左折する。

急な坂道を100mほど登ると三叉路になり、右手(北)に進路をとり、次の分岐も右(北東)に進む。**明るく開けた山腹の道**は緩《ゆる》やかに上流をめざす。見下ろせば、近くの里山と矢田《やた》丘陵がきれいな景観を見せている。谷筋に下る道(右)や尾根に上がる道(左)を分けながら、ほぼ等高線に沿ってしばらく歩くと、前方には、狭まった谷の上部に、巨大な道路橋が見えはじめる。

道路橋をくぐりほどなく、**谷沿いの道**に

伊古麻山口神社

千光寺への山腹の道

谷沿いの道を進む

は**清滝石仏群**があり、彫られたお顔が支流の滝の飛沫を浴びている。左岸の行場《ぎょうば》からは、法螺貝《ほらがい》の音が聞こえることもある。

いったん南西に向いた右岸の道が左岸へ移ると**「揺《ゆるぎ》地蔵」**と出合い、車道が合流する。この石仏は元寇《げんこう》の際に国の平安を願ってつくられ、後の世に病気などの痛みが揺るぐ（安らぐ・消える）という信仰を集めた。となりには十三仏板碑《じゅうさんぶついたび》があり、鎌倉から南北朝頃の五輪塔もある。

磨崖仏(清滝石仏群)

信仰を集めた「揺地蔵」

修験道に歴史を訪ねて大原山へ

鳴川《なるかわ》の集落を奥に向かうと、千光寺《せんこうじ》の山門を経て境内の前に着く。ここには、**寳山《ほうざん》寺《じ》への道を示す標石**があり、古くからの信仰の篤さを今に伝えている。

大峰山《おおみねさん》(山上《さんじょう》ヶ岳《たけ》)に先立って開かれた鳴川山千光寺は、役小角《えんのおづぬ》が二上山《にじょうざん》・葛城山《かつらぎさん》(葛木山)・友ヶ島・熊野へ修行する元になった道場である。白専女《しらとおめ》(母)はここで修行をつづけられたため、「女人山上《にょにんさんじょう》」として栄えた。

元山上鳴川山千光寺。門前に生駒山寳山寺への標石がある

表門前の道を上流に向かい、古い鳴川峠道の標石は無視してそのまま谷沿いに右岸を進む。やがて道は緩《ゆる》やかな草地や田畑の横を行くようになり、広葉樹林がやすらぎを与えてくれる。地形図どおりの峠道だが、部分的に流水や土砂で歩き難くなっている箇所もあるので注意しよう。

行場を巡る道との合流地点に標石があり、ここから西に向かう。竹林が目立つようになると、突然車の音が聞こえるようになり、信貴生駒スカイラインをくぐったところが**鳴川峠**だ。ここは生駒縦走歩道との十字路であり、**傍らに首切地蔵**が祀られている。十字路から縦走路を北上すると、緩やかな上り下りがつづく。ツバキの林になり、大原山が近づくとベンチのある広場をあちこち目にするようになり、**高原状の円頂部**に四等三角点が埋設されている。ここからは、遊歩道に惑わされないよう注意して奈良県側の歩道を北に向けて下る。

いにしえの峠道から絶景スポットへ

暗峠《くらがり》は難波《なにわ》と奈良を結ぶ最短路（暗越《くらがりごえ》奈良街道）として、古くから発達していた。現在は国道 308 号として利用されるが、鞍部《あんぶ》に往時の面影をとどめる**石畳と古い標石**が残っている。道の両側に並ぶ民家の風景も好ましく、1 月にはここから若草山の山焼きも眺めることができる。

民家の横から稜線の東側を巻き気味に北へ進むと、信貴生駒スカイラインの際にいったん出る。再び離れて稜線を登ると、スカイラインの展望台が待っている。南面が開け、歩いてきた縦走路の彼方に、葛城山・金剛山《こんごうさん》が大きな姿で横たわる。**左手（東）は矢田丘陵から奈良盆地**、右手（西）は東大阪から大阪湾を一望できる。

鳴川峠では標識を確認して進もう

鳴川峠の首切地蔵

大原山山頂の広場

石畳と古い標石が残る暗峠

信貴生駒スカイラインの展望台から矢田丘陵を望む

コラム③ 国道ならぬ「酷道《こくどう》」が通る峠

　大和国《やまとのくに》は山に囲まれた盆地にあり、かつては大和川を下る以外、隣の国に行くには山を越えなければならなかった。そのため、全国各地から大和国の社寺に向かう道だけでなく、熊野詣や伊勢参りのために山を越える信仰の道がいくつもある。本書に登場する「峠」は、それらの道が山を越える地点にあたるが、交通網が整備された現代では、歩いて山を越えることはなくなり、宿場や茶屋など峠の景観を残すところも少なくなった。

　その中で、「暗峠」は峠マニアから特別な存在として知られている。「日本の道100選」に選ばれた石畳の街道に茶屋が残る風情ある峠なのだが、特別な理由はそれだけではない。ここを通る国道308号は最も狭いところで道幅約2mしかないのだ。「酷道」たる所以だ。

奈良街道暗越の大阪側には最急勾配37%地点もある

生駒山上遊園地の中にある生駒山の一等三角点

下山道にも愉しみがいっぱい

　道路を横断し、しばしの急登をゆっくり登れば生駒山の山上にたどり着く。いくつもの電波塔が道の両側に建ち、その先が生駒山上遊園地だ。**山頂の一等三角点は汽車の周遊線路内**にあり、係員の許可を得て到達する。北側の眺望もすばらしく、今度は大阪北部から京都方面を見渡すことができる。天候次第では、愛宕山《あたごやま》や比叡山《ひえいざん》もはっきり姿を捉えることができる。

　ここからは、遊園地のはずれの生駒ケーブル(生駒鋼索線)山上線「生駒山上」駅から「梅屋敷」駅までケーブルで下りて、**寶《ほう》山寺《ざんじ》**にも立ち寄りたい。

「生駒の聖天さん」寶山寺

「生駒の聖天《しょうてん》さん」として親しまれるこの寺は、湛海《たんかい》上人の 大聖歓喜天《だいしょうかんぎてん》を祀り、商売繁昌を願う人々からの信仰を集めてきた。本尊の不動明王や役小角《えんのおづぬ》が修行した般《はん》若窟《にゃのいわや》も見どころのひとつである。山麓から生駒山を仰ぎ見ると、中腹の般若窟が特徴ある姿を見せている。

生駒ケーブル宝山寺線「宝山寺」駅をゴールとして日本最古のケーブルカーで「鳥居前」駅まで下りるのも良いが、寶山寺から約 30 分歩いて近鉄「生駒」駅に下るのもオプションとして推薦したい。現代では車やケーブルによる参詣が中心だが、**表参道**の両側に連なる旅館や土産物店が醸し出す独特の雰囲気も捨てがたい。

桜の古木が風情ある寳山寺参道を下る

ひとやすみ

寳山寺参道沿いの築 120 年の旅館を改装したカフェ&ギャラリー。店内に入ると、なぜか異国情緒すら漂う雰囲気だが、建物の[illegible]が醸し出していることで調和が取れている。全席それぞれに趣向が凝らされた個室になっており、奈良盆地を一望しながらゆっくりと寛げる部屋もある。

ナイヤビンギ

奈良県生駒市門前町 12-9
TEL：0743-73-0805
営業時間：[ランチ]12:00 ～ 16:00(L.O14:30)
[illegible]
[ディナー]18:00 ～ 21:00(L.O19:30)
ディナー予約は当日17時まで
※ランチと夜のコースは電話にて予約が必要
定休日：火曜日、不定休有り
コースマップ⑪(p.109)

コースマップ⑫
⑱松尾山コース
G ⑱ 松尾山コース
南生駒
大瀬中
歓喜の湯（足湯）
五尺地蔵石仏
榁ノ木峠
カフェ 千珠 P.121
ビューポイント P.121
萩の台
生駒南第二小
小笹ノ辻
生駒市
奈良市
矢田山展望台
矢田山（340m）
矢田峠
ビューポイント P.120
磁北 N
約7°
1:35000
0 200 400 600 800 1000m
露ナジ池
矢田山遊びの森
矢田寺
東山
大和郡山市
南僧坊谷池
⑱ 松尾山コース
ビューポイント P.119
国見台展望台
元山上口
近鉄生駒線
松尾山（315m）
三重塔
松尾寺本堂
南惣門
WC
平群
法隆寺カントリー倶楽部
毛無池
法輪寺
仏塚古墳
斑鳩町
斑鳩神社
天満池
法隆寺北
法隆寺
中宮寺
竜田川
平群南小
南大門
法隆寺門前バス停
S ⑱ 松尾山コース
斑鳩町役場
斑鳩小
勢野北口
JR関西本線
308
168
123
189
9
25
195
236
5

世界遺産から奈良の風土と
一体になった山並みを縦走する

⑱ 松尾山コース

矢田山展望台から生駒山を望む

【⑱松尾山コースインフォメーション】

コースマップ⑫（p.116）

スタート	奈良交通 法隆寺門前バス停
ゴール	近鉄生駒線 南生駒駅

所要時間	約５時間15分
歩行距離	約10.5km
レベル	初心者

インフォメーションプラス

・法隆寺　拝観時間：8:00 〜 17:00（2/22 〜 11/3）、8:00 〜 16:30（11/4 〜 2/21）、拝観有料（西院伽藍内、大宝蔵院、東院伽藍内共通）
・松尾寺　拝観時間：9:00 〜 16:00、お花畑（バラ）一般公開：毎年５月15日〜６月５日
[illegible]

コース行程

JR関西本線 法隆寺駅 ⇒（乗り換え）奈良交通 法隆寺門前バス停 ≫ 約10分 ≫ 法隆寺 ≫ 約15分 ≫ 斑鳩神社 ≫ 約75分 ≫ 松尾寺 ≫ 約25分 ≫ 松尾山 ≫ 約30分 ≫ 国見台展望台 ≫ 約45分 ≫ 矢田峠 ≫ 約10分 ≫ 矢田山 ≫ 約45分 ≫ 榁ノ木峠 ≫ 約15分 ≫ 歓喜の湯 ≫ 約45分 ≫ 近鉄生駒線 南生駒駅

法隆寺南大門につづく松並木

天満池

世界最古の木造建造物や仏像に魅了される

竜田《たつた》川と富雄《とみお》川に挟まれて南北に連なる矢田《やた》丘陵。標高 300m ほどの里山だが、古代からの歴史に彩られた風景と自然が語りかけてくれる。主なピークは松尾山《まつおさん》（標高 315m）と矢田山《やたやま》（標高 340m）だが、それぞれ山中にある寺院が山名の由来で、花の季節に合わせた古寺巡礼も興味深い。また、雑木林や山麓の景観も美しく、一日かけてゆっくり歩いてみよう。

JR 関西本線「法隆寺」駅から、奈良交通バス「法隆寺門前」行に乗車して終点で降り、スタートだ。**松並木**の正面に南大門があり、そこから中門めざして境内に入る。

七世紀初めに推古《すいこ》天皇の発願により聖徳太子が建立した法隆寺は、世界最古の木造建築として世界文化遺産に登録されている。金堂・五重塔・回廊など、広々とした西院伽藍《さいいんがらん》が目の前に横たわる。国宝の百済《くだら》観音《かんのん》や夢違観音《ゆめたがいかんのん》など、多くの仏像と宝物があるので、時間を割くのも有意義だ（拝観有料）。

中宮寺《ちゅうぐうじ》や四脚門《よつあしもん》のある東院伽藍《とういんがらん》に向かい、東大門を出たところで北へ左折する。土塀に沿って北上すると**天満池《てんまいけ》**の畔に出る。東に廻り込むと「松尾《まつのお》道」の標石が現われるので、ここから丁石《ちょういし》を頼りに松尾山を目指そう。

花の寺と展望台からの眺望を愉しむ

斑鳩《いかるが》神社の鳥居前を通り、毛無池の東岸から法隆寺カントリー倶楽部の中を山中に進む。振り返ると斑鳩の里が眺められ、いにしえの風光が甦るようだ。

「十一丁」石が松尾寺への登り口。左手の山道に入って緩《ゆる》やかに高度を上げる。**よく踏まれた道**は歩きやすく、雑木林も気持ちを高めてくれる。

平坦な道になって、西寄りに向かうと**南《なん》惣門《そうもん》**が現われる。補陀洛山《ふだらくさん》松尾寺は養老二(718)年に舎人親王《とねりしんのう》によって建立され、日本最古の厄除霊場として知られている。開運除災・商売繁昌・交通安全を願う人たちでいつも賑わっており、鎌倉時代の大黒天立像など寺宝も多い。多くの種類が植えられたお花畑(バラ)も見どころのひとつである。

十一面観音が祀られた本堂へお参りし、三重塔の左手から山道に入る。尾根に出たところが白石畑《しらいしばた》への峠で、ここで北へ右折して松尾山へ向かう。

電波塔の保守管理道路に出て、塔が建つ敷地の西側に二等三角点がある。残念ながら、眺望はきかないので先へ進もう。いったん下った鞍部《あんぶ》の西側に松原湿原があり、登り返した先を少し下ると**国見台展望台**に着く。前景の奈良盆地と、背後に若草山《わかくさやま》・高円山（標高432m）から貝ヶ平山（標高822m）・龍王山《りゅうおうざん》など東方の山並みが一望できる。ベンチでゆっくり休憩したい。

斑鳩神社鳥居前

松尾寺への丁石道

松尾寺南惣門

国見台展望台からの眺め

「矢田山遊びの森」の標識

遊びの森の遊歩道を散策する

　これから進む稜線には、**「矢田山遊びの森」**の遊歩道が整備されている。標識も完備しているが、施設の道と尾根道が複雑に交錯するので、位置確認を頻繁にしたい。概ね遊歩道は曲がりくねって距離が長い。南僧坊谷池の畔を通ると、平《へ》群《ぐり》町から来る道が左から合わさる。萩の台方面からの道が北西から合流すれば**矢田峠**で、「矢田山八丁」の標石が立っている。これは、西側からの矢《や》田《た》寺《でら》への古い信仰の道を示している。

矢田峠

　矢田峠から稜線の遊歩道に進路をとる。行く手に頂上展望台があり、生《い》駒《こま》市方面を眺めることができる。矢田山山頂はその北側にある。また、三角点のあるピークは遊歩道をはずれた稜線の西側で、細い山道がつづいているだけだ。

小笹ノ辻の休憩所

　東《あずま》屋《や》が建つ小笹ノ辻で「矢田山遊びの森」と分かれ、左手(北西)の道を選ぶ。好ましい雑木林を下ると畑が現われ、里に近づいていることがわかる。まもなく**榁《むろ》ノ木峠**で、少し東に行くと五尺地蔵石仏が祀られている。この道は暗《くらがり》峠から奈良につづく街道で、国道308号になっている。伊勢参宮街道のひとつでもある。

榁ノ木峠

足湯で疲れを癒して帰路につく

　矢田丘陵の縦走路はさらに北へつづくが、ここで近鉄生駒線「南生駒」駅に向けて西へ向かう。幅の狭い急峻な車道なので慎重に下ろう。急に前方が開け、**正面に生駒《いこま》山《やま》**が姿を現わす。南部の信貴山《しぎさん》も望まれ、生駒山地のすばらしい展望スポットである。

福祉施設に隣接して足湯（歓喜の湯）があるので、一日の疲れを癒すのにちょうどよい。車道は南西方向に下って行くが、西に向かう階段に進路をとり、住宅地をカギ状に山麓へ。大瀬中学校の東側から南側を歩く。

校門前の信号を西に横断し、北へ右折するとまもなく道がふた手に分かれる。左手（北西）の細い道に入って小高い丘を越えると小瀬《おせ》町の集落だ。道なりに下って、近鉄生駒線の踏切を渡り、竜田川に沿って北へ右折するとゴール地点の「南生駒」駅はすぐだ。

生駒山の全容（南生駒駅へ下山する途中で）

ひとやすみ

茶色でまとめられた店内に、ステンドグラスのようなトルコランプが照明に使われているのがお洒落。ランチメニューも充実しており、一番のおすすめはボリュームのある[illegible]サイフォン仕立てで、雑味のない美味しいコーヒーも心身をリフレッシュしてくれる。

カフェ せんじゅ

奈良県生駒市小瀬町 101-1
メゾン・コンフォール 1F
TEL：0743-77-6698
営業時間：8:30～18:30
定休日：水曜日、第一木曜日
コースマップ⑫(p.116)

山歩きのいろは

その1 服装・持ち物

行動しやすい服装はレイヤード(重ね着)。必要に応じて、こまめに着たり脱いだりしたい。コットンは汗冷えや湿気で重くなるため、ポリエステルなど吸湿速乾性のある素材がお勧め。パンツ(ズボン)は伸縮性と速乾性のあるものが快適だ。装備では、自分の体を守るために、右記の３点はぜひ揃えたい。そのほか、装備リストで必要なものを持っていこう。

● トレッキングシューズ

かかとまでカバーしてくれるハイカットタイプが初心者には最適。スニーカーは山道には不適である。専門店で試し履きをして購入したい。

● ザック(ディパック)

体へのフィットと使い勝手のよいものを選ぶ。日帰りの山歩きには、25ℓ程度の容量があれば十分で、持ち物の選択は５～6kgを目安に。

● 雨具

防水性と透湿性の高い雨具が快適で、上下セパレートタイプを選ぶ。防風・防寒着としても利用できる。

山歩き装備リスト(日帰り・無雪期)

	ウェア	ポイント：服装の基本は重ね着。状況に応じて着脱する
☐	アンダーウェア	吸湿速乾性素材(ポリエステルなど)
☐	ミッドレイヤー	長袖、吸湿速乾性素材(組み合せ方で半袖・ベスト可)
☐	アウター	防水・透湿、防風・保温性(雨具利用で可)
☐	パンツ(ズボン)	伸縮性・速乾性・寒い季節は保温性(機能性タイツ+スカート・短パン可)
☐	ソックス	厚手(化繊、寒い季節はウール)
☐	雨具	セパレートタイプ
☐	手袋	雨・作業用(寒い季節は保温用)
☐	防寒具	寒い季節の保温用(フリース素材・軽量ダウンなど)
☐	帽子	UV カット(春～秋)、保温用(寒い季節)
☐	その他	着替え、サングラス、折りたたみ傘(市街地用)など天候に応じて
	用　具	ポイント：軽量・コンパクトにまとめ、濡らさないように
☐	靴	トレッキングシューズ(ハイカットタイプ+インソール)
☐	ザック(ディパック)	容量：20～30ℓ(フィット感・機能性)、重量：5～6kg
☐	水筒	1.0～1.5ℓ(内、水0.5ℓ)、保冷・保温重視ならテルモス(真空ステンレスボトル)
☐	地図	国土地理院発行の2万5千分の1地形図
☐	コンパス	方位磁石
☐	ファーストエイドセット	絆創膏、常備薬(持病用)、虫刺され薬、ポイズンリムーバーなど
☐	ヘッドランプ	LEDタイプ、電池を確認のこと
☐	ストック	トレッキングポール(アンチショック機能)
☐	その他	本書、タオル、ティッシュペーパー、時計、携帯電話(スマートフォン)、筆記具、ごみ袋、新聞紙、健康保険証、カメラ、双眼鏡、図鑑・ガイドブック(植物・鳥など)
	食　料	ポイント：疲れていても食べられる手軽さ
☐	昼食	糖質を中心に準備。かさばらない、腐らない(暑い季節)
☐	行動食	チョコレート・あめなど(糖質、高カロリー、塩・酸味のものも)

↑当ページをコピーして、準備できたものから☑を入れるようにしよう。

その2

歩き方・マナー

かかとで着地し、つま先で蹴り出すウォーキングと、トレッキングの歩き方は異なる。**「狭い歩幅で靴底をフラットに置くゆっくりした歩き方」**が、疲れず山道での安全性を確保してくれる。

ペースは、**「人と会話をしながら歩けるスピード」**を心がける。コースに点在する見どころへ立ち寄り、休養しながら進もう。休憩時に水分とカロリーを補給することで、熱中症や体調不良を予防することができる。体力のない方が、いきなり「中級者向」コースに出かけるのは無謀だ。「超初心者向」コースから徐々にステップアップしよう。

山中で人と出会えば、お互いに気持よく歩けるよう心がけたい。あいさつで、コミュニケーションをはかることも重要。山道では**「登り優先」**が原則だが、団体の場合は声をかけて譲り合いたい。

文化財や住民の暮らしと接するコースが多いだけに、環境の保護を第一に考えよう。**火気は厳禁**。信仰・宗教への敬意をもち、節度ある態度が求められる。

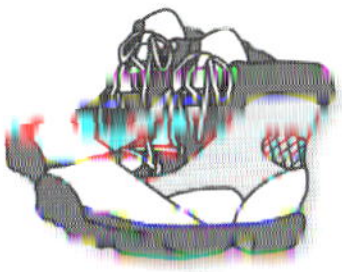

その3

天気・アクシデント対応

山歩きを楽しくするため、**天気予報は必ずチェック**しよう。仮に午後の降水確率が高ければ、山歩きを早めに切り上げて寺社めぐりにあてるなど、気象と風土を味方につける発想が欲しい。

いくら町に隣接する自然とはいえ、**「絶対に安全な山歩きはない」**と認識しよう。川（谷・沢）の増水や岩場での落石、山道に堆積した浮き石や倒木など、山ではさまざまな危険要素と直面する可能性がある。その際は状況を十分見極め、参加者の力量を考えて対応しよう。**引き返すことも大切な選択肢**のひとつである。

夏にもっとも注意しなければならないのは雷だ。雷鳴が聞こえた時点では、すでに積乱雲に取り囲まれているため、一刻も早く低地に避難しよう。ただし、大きな建物や送電線のない平地は危険なので、雲の様子は常に観察しておきたい。午前中に積雲から積乱雲に変わっていくなら、下山するのが賢明である。

スズメバチ（とくに秋）とマダニはどこにでもいる。ハチがまとわりついてきたら、手で振り払ったり騒いだりせず、その場から速やかに離れよう。もし刺されたら、ポイズンリムーバー（吸引器）ですぐに応急処置と救助を要請する。

また、山中での持病悪化を防ぐには、各自が意識して**水分を摂取しゆっくり行動**することが重要である。

その4

「読図」と専門用語

山歩きの基本は「読図《どくず》」（地図は見るのではなく「読む」）。山の中で道に迷うことがないように、地形図と方位の読み方は必ず習得したい。

※山の中では電波が届かないところがあり、スマートフォンなどの地図機能をあてにするのは危険だ。

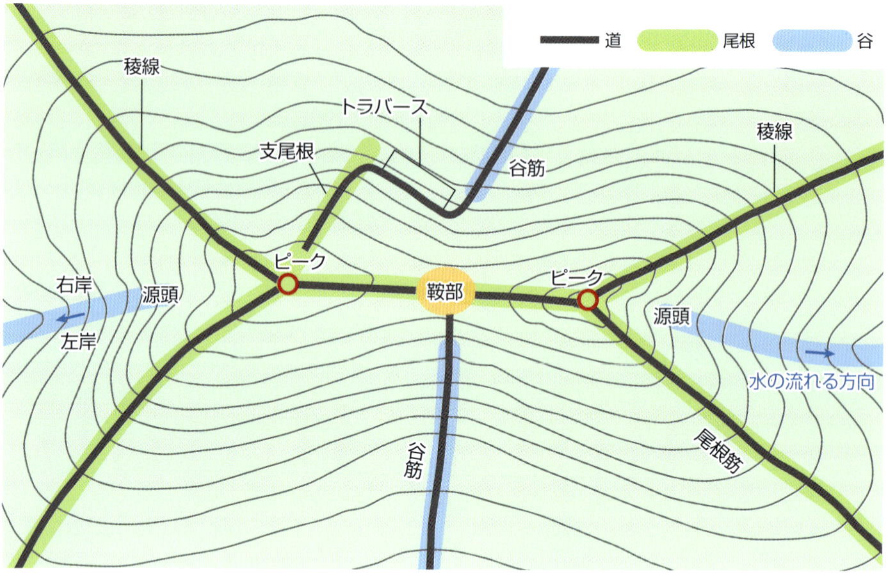

尾根《おね》

山頂（ピーク）から低い方へ伸びる凸部を結んだ地形。主たる尾根から分かれる小さな尾根を「支尾《しお》根《ね》」、山頂でない尾根上の凸部も「ピーク」という。「稜線《りょうせん》」は山頂と山頂をつなぐ分水嶺《ぶんすいれい》のこと。「尾根」との区別が明確でない場合も多い。

谷（沢）

山頂（ピーク）から低い方へ延びる凹部で、水が流れ下る。谷と沢の明確な違いはないが、関西では「谷」が多い。本書では、水の流れに沿った道を「谷筋（沢筋）の道」と表記。

鞍部《あんぶ》

馬の鞍《くら》のように、稜線上で低く窪んだ地形。「屹・垰」（タワ）や「タル」も同義語。そこを横断する道があれば「峠」。

右岸・左岸

河川（谷・沢）で、上流から下流に向かって右側の岸を「右岸」、左側の岸を「左岸」という。

源頭《げんとう》

谷（沢）の最上流部。初めの一滴が滴り落ちる地点。下るにつれ、「源流」「上流」「中流」「下流」と表記が変わる。

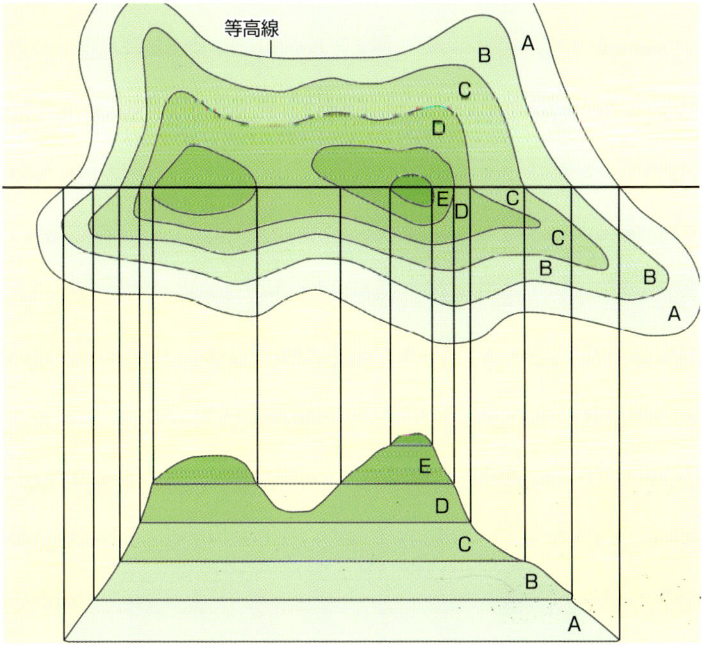

等高線

等高線は、地形を表わすために同じ標高の地点を結んだ線。２万５千分の１地形図では、10m 毎に描かれる。線と線の間隔が詰まっていたら傾斜が急で、間隔が開いていたら緩《ゆる》やかな地形になる。山を歩くにあたって、ペース配分などの目安になる。上の例では、E～C が急斜面、C～A が緩斜面となる。

用語解説

山歩きには、専門的な用語がある。本書でも使用しているので、意味や使い方を覚えたい。

道を分ける	ふたつの道の分岐点。「○○への道を右に分ける」のように使用。
道が出合う	ふたつの道の合流地点。「○○からの道が左から出合う」のように使用。 「分ける」「出合う」は、谷（沢）や尾根でも同様に使う。
取り付く	平地から山や尾根を登りはじめること。
高度を上げる	山を登り、位置（標高）が高くなっていくこと。
トラバース	山腹や斜面を横断すること。傾斜が急峻だったり、道が不安定だったりしている場合が多く、注意して歩く必要がある。
直登	尾根や谷を一直線に登ること。斜度が強く、呼吸を意識してゆっくり歩きたい。

索引

あ行

青根ヶ峰……5,68,69,70,71
飛鳥川坐上宇須多岐比賣命神社……50,62,66
天岩戸神社……44,45,47
天香久山……5,44,45,46,47,48
斑鳩神社……116,117,119
生駒山……4,10,11,24,30,40,102,108,109,110,111,114,115,117,121
伊古麻山口神社……109,110,111
石切峠……7,14,16
石舞台古墳……50,57,60,61
石上神宮……19,20,21,42
岩屋峠……90,91,93,94
岩屋の磨崖仏……19,20,24
浮見堂……7,14,15
鶯塚古墳……7,8,9,11,41
鶯ノ滝……7,14,17
畝傍山……5,30,36,44,45,46,57,65
馬ノ背……90,91,93,94
役小角（役行者）……74,81,85,86,112,115
大国見……4,19,20,21,23,24,43
大津皇子墓……90,91,95
大原山……109,110,111,112,113
大峰山（脈）……11,65,70,81,112
大神神社……27,33,34,37,39
大美和の杜……27,33,36
大和神社……26,37,43
奥駈（道）……70,71
音羽山観音寺……51,52,53
音羽三山……53,78
音羽山……5,51,52,53,55
音羽山万葉展望台……51,52,54

か行

橿原神宮……44,45,46
春日大社……7,9,14,15,18
春日山……8,11,14,15
春日山石窟仏……7,14,16
春日山遊歩道……7,15,17
談山……5,51,57,59
葛城山……5,30,36,46,54,60,70,80,83,84,85,88,94,100,101,112,113
葛木神社（葛木岳）…76,77,78,79,80,81
葛城天神社……83,87,88,89
鎌研交番所……7,18
神岳神社……97,104,106
萱生町環濠集落……26,37,42
歓喜の湯……116,117,121
喜蔵院……68,69,73
経ヶ塚山……5,51,52,53,55
清瀧山不動寺……83,84,85
清滝石仏群……109,110,112
金峯神社……68,69,70,71,72
金峯山寺……68,69,74
空鉢護法堂……97,98,101
櫛山古墳……26,32,41
櫛羅ノ滝……83,84,86
国見城址……76,77,80
国見台展望台……116,117,119
首切地蔵……7,14,16,17,109,113
熊ヶ岳……51,53,55
暗峠……109,110,113,114,120
黒塚古墳……26,28,29,41
景行天皇陵（渋谷向山古墳）……26,37,39,40,41
御破裂山……5,51,54,57,59
五百羅漢石仏群……50,62,63
金剛山……5,30,40,46,47,54,60,70,72,76,77,78,79,80,81,87,94,101,113

さ行

狭井神社……27,33,34,35,39
猿石……50,62,65
信貴生駒スカイライン（展望台）……4,102,109,110,113
信貴山……4,28,40,97,98,99,100,101,105,121
自然研究路……83,87,88,89
自然つつじ園……83,84,87
昭和橋……97,104,105,106
白川大橋……19,20,24
崇神天皇陵（行燈山古墳）……26,28,29,32,37,40,41
千光寺……109,110,111,112
増賀上人墓……51,57,59,60

た行

大親寺……19,20,22,23
當麻寺……90,91,92
當麻山口神社……90,91,92
高城山……5,68,69,72
高取城跡……50,62,63,64
高取山……5,50,62,63,64
高松塚古墳……41,50,62,67
高天彦神社……76,77,78,79
高見山……62,65,81
高安山……4,97,98,101,102
高安山気象レーダー観測所……97,98,102
高安山城倉庫址……97,98,102

滝坂の道……7,15,16
竹之内町環濠集落……26,37,42
竜田川……97,104,105,106,107,108,109,111,118,121
龍田神社……97,104,105,107
手向山八幡宮……7,9,12
談山神社……51,53,57,58,59
ちはや園地（展望台）……76,77,81
長岳寺（長岳寺奥之院）……26,28,29,30,31,41
朝護孫子寺……97,98,99,100
海柘榴市観音堂……27,37,38
壷阪寺……50,62,63
転法輪寺……76,77,80
天理市トレイルセンター……26,28,29,37,41
東大寺……7,8,9,12,74
多武峯……47,55,58,59,60
堂山……97,104,107

な行

中臣鎌子（藤原鎌足）……58,59
中大兄皇子（天智天皇）……58,59
奈良奥山ドライブウェイ……4,7,16,17
奈良県庁……7,8,13
鳴川峠……109,110,112,113
二上山（雄岳・雌岳）……4,28,30,36,39,40,42,48,57,60,65,72,90,91,92,93,94,95,96,101,112
念仏橋……97,104,108

は行

ハタの滝……19,20,21
花矢倉跡……68,69,73
花山……4,7,15,17
檜原神社……27,37,39
平等寺……27,37,39
藤井・田龍王社……26,28,30,31
藤原宮跡……44,45,48
不動ノ滝……26,28,32
弁財天滝……97,98,101
宝山寺……109,110,112,114,115
法隆寺……116,117,118
芳山交番所……7,14,16,17

ま行

松尾寺……116,117,119
松尾山……4,116,117,118,119
万葉展望台……50,57,60
御蓋山……4,7,8,15,18
耳無井……44,45,49
耳成山……5,30,36,44,45,46,48,49
三室山……4,97,104,106
三輪山……4,27,33,34,35,38,41,48
婿洗いの池……83,84,87,88
椪ノ木峠……116,117,120
本薬師寺跡……44,45,47
桃尾の滝……19,20,22

や行

矢田丘陵……11,30,105,111,113,118,120
矢田峠……116,117,120
矢田山……4,116,117,118,120
柳本龍王社……26,28,30,31
大和川……4,27,38,92,97,104,105,114
大和三山……36,44,45,46,96
山の辺の道……26,27,29,32,36,37,38,40,41,42
湧出岳……5,76,77,81
祐泉寺……90,91,93
郵便道……76,78,79
揺地蔵……109,110,112
吉野水分神社……68,69,72
吉野山……65,68,69,70,74,78,81

ら行

龍王山（南城跡・北城跡）……4,26,28,29,30,31,37,41,43,119

わ行

若草山……4,7,8,9,13,18,110,113,119

おみやげ＆ひとやすみ

（掲載順）

まほろば大仏プリン本舗……7,13
町屋かふぇ 環奈……7,18
みしまや……19,25
御陵餅本舗……[illegible]
今西酒造……[illegible]
カフェ Melissa（メリッサ）……26,43
たんと屋……44,49
[illegible]……[illegible]
[illegible]……[illegible]
Coccolo＊Café（コッコロ＊カフェ）……50,67
八十吉……68,75
御菓子司 あけぼ乃……[illegible]
[illegible]……[illegible]
[illegible]……[illegible]
てぬき庵……97,103
cafe Salt（カフェ ソルト）……97,108
[illegible]……109,115
[illegible]……110,121

執筆・撮影・監修：竹内　康之（たけうち　やすゆき）

1962年生まれ。山と人の関係をテーマにした山登りを行う。
著書に、『青海高原—西寧から成都へ—』『アムド山旅』『比叡山1000年の道を歩く』（以上、ナカニシヤ出版）、『滋賀県の山』（山と溪谷社）のほか、雑誌などに執筆。ウェブサイト『TAKECHANの比叡山系を歩く』（http://www.geocities.jp/hieisankei/）を発信。
現在、京都府山岳連盟の「登山学校」とNHK文化センター京都教室の講座で、登山の魅力を伝えている。

おみやげ＆ひとやすみ
取材・撮影・執筆：大向　雅（おおむかい　ただし）

編集・デザイン：ジーグレイプ株式会社
写真提供：まほろば大仏プリン本舗、今西酒造、音羽山観音寺、一般財団法人明日香村地域振興公社、奈良学園大学、コッコロ＊カフェ、吉野大峯ケーブル自動車（順不同・敬称略）
イラスト：下田麻美
奈良大和路広域マップ：株式会社アルテコ
コースマップ①〜⑫：株式会社アルテコ

コースマップ①〜⑫
■この地図の作成に当たっては、国土地理院長の承認を得て、同院発行の数値地図（国土基本情報）電子国土基本図（地図情報）、数値地図（国土基本情報）電子国土基本図（地名情報）及び数値地図（国土基本情報）基盤地図情報（数値標高モデル）を使用した。（承認番号　平27情使、第31号）
■地形陰影画像は、『カシミール３Ｄ』を使用して作成した。

大和路のとっておきトレッキングコース 18

いにしえをめぐる
奈良の山歩き里あるき

平成27年6月22日　初版発行

著　　者　竹内康之
発 行 者　納屋嘉人
発 行 所　株式会社　淡交社
本社　〒603-8588　京都市北区堀川通鞍馬口上ル
営業（075）432-5151
編集（075）432-5161
支社　〒162-0061　東京都新宿区市谷柳町39-1
営業（03）5269-7941
編集（03）5269-1691
http://www.tankosha.co.jp
印刷・製本　図書印刷株式会社

ISBN978-4-473-04025-1